中国古代地名

王 俊 编著

中国商业出版社

图书在版编目（CIP）数据

中国古代地名 / 王俊编著. -- 北京：中国商业出版社，2017.7（2022.1重印）

ISBN 978-7-5044-9891-5

Ⅰ.①中… Ⅱ.①王… Ⅲ.①地名 - 介绍 - 中国 - 古代 Ⅳ.① K92

中国版本图书馆 CIP 数据核字（2017）第 127541 号

责任编辑：常　松

中国商业出版社出版发行
010-63180647　www.c-cbook.com
（100053 北京广安门内报国寺 1 号）
新华书店经销
三河市吉祥印务有限公司印刷
*
710 毫米 ×1000 毫米　16 开　15 印张　200 千字
2017 年 7 月第 1 版　2022 年 1 月第 2 次印刷
定价：45.00 元
* * * *
（如有印装质量问题可更换）

《中国传统民俗文化》编委会

主　编　傅璇琮　著名学者，国务院古籍整理出版规划小组原秘书长，清华大学古典文献研究中心主任，中华书局原总编辑
顾　问　蔡尚思　历史学家，中国思想史研究专家
　　　　卢燕新　南开大学文学院教授
　　　　于　娇　泰国辅仁大学教育学博士
　　　　张骁飞　郑州师范学院文学院副教授
　　　　鞠　岩　中国海洋大学新闻与传播学院副教授，中国传统文化研究中心副主任
　　　　王永波　四川省社会科学院文学研究所研究员
　　　　叶　舟　清华大学、北京大学特聘教授
　　　　于春芳　北京第二外国语学院副教授
　　　　杨玲玲　西班牙文化大学文化与教育学博士
编　委　陈鑫海　首都师范大学中文系博士
　　　　李　敏　北京语言大学古汉语古代文学博士
　　　　韩　霞　山东教育基金会理事，作家
　　　　陈　娇　山东大学哲学系讲师
　　　　吴军辉　河北大学历史系讲师
策划及副主编　王　俊

序 言

中国是举世闻名的文明古国，在漫长的历史发展过程中，勤劳智慧的中国人创造了丰富多彩、绚丽多姿的文化。这些经过锤炼和沉淀的古代传统文化，凝聚着华夏各族人民的性格、精神和智慧，是中华民族相互认同的标志和纽带，在人类文化的百花园中摇曳生姿，展现着自己独特的风采，对人类文化的多样性发展做出了巨大贡献。中国传统民俗文化内容广博，风格独特，深深地吸引着世界人民的眼光。

正因如此，我们必须按照中央的要求，加强文化建设。2006年5月，时任浙江省委书记的习近平同志就已提出："文化通过传承为社会进步发挥基础作用，文化会促进或制约经济乃至整个社会的发展。"又说，"文化的力量最终可以转化为物质的力量，文化的软实力最终可以转化为经济的硬实力。"(《浙江文化研究工程成果文库总序》)2013年他去山东考察时，再次强调：中华民族伟大复兴，需要以中华文化发展繁荣为条件。

正因如此，我们应该对中华民族文化进行广阔、全面的检视。我们应该唤醒我们民族的集体记忆，复兴我们民族的伟大精神，发展和繁荣中华民族的优秀文化，为我们民族在强国之路上阔步前行创设先决条件。实现民族文化的复兴，必须传承中华文化的优秀传统。现代的中国人，特别是年轻人，对传统文化十分感兴趣，蕴含感情。但当下也有人对具体典籍、历史事实不甚了解。比如，中国是书法大国，谈起书法，有些人或许只知道些书法大家如王羲之、柳公权等的名字,知道《兰亭集序》是千古书法珍品,仅此而已。再如,我们都知道中国是闻名于世的瓷器大国,中国的瓷器令西方人叹为观止,中国也因此获得了"瓷器之国"(英语china的另一义即为瓷器)的美誉。然而关于瓷器的由来、形制的演变、纹饰的演化、烧制等瓷器文化的内涵,就知之甚少了。中国还是武术大国,然而国人的武术知识,或许更多来源于一部部精彩的武侠影视作品,对于真正的武术文化,我们也难以窥其堂奥。我国还是崇尚玉文化的国度,我们的祖先发现了这种"温润而有光泽的美石",并赋予了这种冰冷的自然物鲜活的生命力和文化性格,如"君子当温润如玉",女子应"冰清玉洁""守身如玉";"玉有五德",即"仁""义""智""勇""洁";等等。今天,熟悉这些玉文化内涵的国人也为数不多了。

也许正有鉴于此,有忧于此,近年来,已有不少有志之士开始了复兴中国传统文化的努力之路,读经热开始风靡海峡两岸,不少孩童以至成人开始重拾经典,在故纸旧书中品味古人的智慧,发现古文化历久弥新的魅力。电视讲坛里一拨又一拨对古文化的讲述,也吸引着数以万计的人,重新审视古文化的价值。现在放在读者面前的这套"中国传统民俗文化"丛书,也是这一努力的又一体现。我们现在确实应注重研究成果的学术价值和应用价值,充分发挥其认识世界、传承文化、创新理论、资政育人的重要作用。

中国的传统文化内容博大,体系庞杂,该如何下手,如何呈现?这套丛书处理得可谓系统性强,别具匠心。编者分别按物质文化、制度文化、精神文化等方面来分门别类地进行组织编写,例如,在物质文化的层面,就有纺织与印染、中国古代酒具、中国古代农具、中国古代青铜器、中国古代钱币、中国古代木雕、中国古代建筑、中国古代砖瓦、中国古代玉器、中国古代陶器、中国古代漆器、中国古代桥梁等;在精神文化的层面,就有中国古代书法、中国古代绘画、中国古代音乐、中国古代艺术、中国古代篆刻、中国古代家训、中国古代戏曲、中国古代版画等;在制度文化的层面,就有中国古代科举、中国古代官制、中国古代教育、中国古代军队、中国古代法律等。

此外,在历史的发展长河中,中国各行各业还涌现出一大批杰出人物,至今闪耀着夺目的光辉,以启迪后人,示范来者。对此,这套丛书也给予了应有的重视,中国古代名将、中国古代名相、中国古代名帝、中国古代文人、中国古代高僧等,就是这方面的体现。

生活在21世纪的我们,或许对古人的生活颇感兴趣,他们的吃穿住用如何,如何过节,如何安排婚丧嫁娶,如何交通出行,孩子如何玩耍等,这些饶有兴趣的内容,这套"中国传统民俗文化"丛书都有所涉猎。如中国古代婚姻、中国古代丧葬、中国古代节日、中国古代民俗、中国古代礼仪、中国古代饮食、中国古代交通、中国古代家具、中国古代玩具等,这些书籍介绍的都是人们颇感兴趣、平时却无从知晓的内容。

在经济生活的层面,这套丛书安排了中国古代农业、中国古代经济、中国古代贸易、中国古代水利、中国古代赋税等内容,足以勾勒出古代人经济生活的主要内容,让今人得以窥见自己祖先的经济生活情状。

在物质遗存方面,这套丛书则选择了中国古镇、中国古代楼阁、中国古代寺庙、中国古代陵墓、中国古塔、中国古代战场、中国古村落、中国古代宫殿、中国古代城墙等内容。相信读罢这些书,喜欢中国古代物质遗存的读者,已经能掌握这一领域的大多数知识了。

除了上述内容外,其实还有很多难以归类却饶有兴趣的内容,如中国古代乞丐这样的社会史内容,也许有助于我们深入了解这些古代社会底层民众的真实生活情状,走出武侠小说家加诸他们身上的虚幻的丐帮色彩,还原他们的本来面目,加深我们对历史真实性的了解。继承和发扬中华民族几千年创造的优秀文化和民族精神是我们责无旁贷的历史责任。

不难看出,单就内容所涵盖的范围广度来说,有物质遗产,有非物质遗产,还有国粹。这套丛书无疑当得起"中国传统文化的百科全书"的美誉。这套丛书还邀约大批相关的专家、教授参与并指导了稿件的编写工作。应当指出的是，这套丛书在写作过程中，既钩稽、爬梳大量古代文化文献典籍，又参照近人与今人的研究成果，将宏观把握与微观考察相结合。在论述、阐释中，既注意重点突出，又着重于论证层次清晰，从多角度、多层面对文化现象与发展加以考察。这套丛书的出版，有助于我们走进古人的世界，了解他们的生活，去回望我们来时的路。学史使人明智，历史的回眸，有助于我们汲取古人的智慧，借历史的明灯，照亮未来的路，为我们中华民族的伟大崛起添砖加瓦。

是为序。

傅璇琮
2014年2月8日

前 言

地名是一个地方鲜活的兴衰荣辱史,是一个地方最亮丽的名片。

中国是一个拥有五千年文明的历史古国,并且是一个多民族国家,幅员辽阔,朝代更迭频繁,这就必然形成了厚重的地名历史文化。我们在了解、认识、研究中国地名的时候,要从历史、政治、经济、人文等方面进行全面考察。

中国地名数量众多,形态各异,属性多样,内涵丰富。中国地名从时间上看,有历史地名、现实地名;从等级上看,有大地名、小地名;从语言文字上看,有汉语地名、少数民族语地名、数字地名;从地理属性上看,有自然地理实体名称、人文地理实体名称;从地名构造上看,有全称、专名、通名、简称、别称、俗称、旧称……地名代表了一个社会的变迁,更是一种文化符号。

地名是历史的精髓要素之一。虽是一个个简单的名字,却道尽了地与人、地与事、地与物的种种关系。中国地名体现了中国历史上的民族融合、疆域政区的变化、传统文化的观念,是中国历史文化的重要组成部分。有的地名历千年不变,有的地名则多次更换,每个地名的背后有一段故事,每个地名的后面另有一串地名。地名的由来、命名的原则、寓意都蕴含着历史的传承和传统文化的精髓。

为了帮助人们更好地了解地名、认识地名、研究地名,更加深入地学习中国的历史文化,我们特别编写了这本《中国古代地名》。本书详尽地叙述了地名的含义、起源、发展与演变,在前人总结的基础之上,又进一步强调了地名的文化意义,在每一节的后面还为广大读者贴心地附上"知识链接"部分,以扩充读者对地名的了解范围,增强读者对中华文化的兴趣热忱。本书博采有关地名的正史传说、趣闻逸事,融知识性、趣味性、资料价值于一体,图文互动,意趣横生。一个个地名故事在作者笔下娓娓道来,让人充分领略到中国地名文化的深厚内涵和独特魅力。

但由于时间仓促,内容上难免挂一漏万,编校之时可能会存在疏忽、不到之处,欢迎广大读者批评指正。

目 录

第一章　中国地名概述

第一节　中国古代地名的形成与演变 …………………… 002
中国地名的变迁 ……………………………………… 002
地名中隐藏的时代印记 ……………………………… 003
古代地名的传承特点和规律 ………………………… 006

第二节　多姿多彩的中国地名文化 …………………… 009
古代地名中的历史和人文信息 ……………………… 009
中国地名的历史文化内涵 …………………………… 011
中国地名的宗教文化内涵 …………………………… 013
地名与古人的社会心态 ……………………………… 014

第二章　中国古代地名的命名

第一节　古代地名命名综述 …………………………… 018
中国古代地名命名的形式 …………………………… 018
五花八门的地名命名 ………………………………… 022

第二节　政治性命名的地名 …… 027

帝王年号、称号与地名的命名 …… 027
皇帝亲赐地名显示荣宠 …… 029
地名中包含的政治意图 …… 031
古时侨置制度下的地名变化 …… 034

第三节　历史性命名的地名 …… 038

记录历史事件的地名 …… 038
记录历史会盟事件的地名 …… 040
源自古国之名的地名 …… 041

第四节　人文性命名的地名 …… 045

以德治国话地名 …… 045
历史名人与地名 …… 047
百家姓氏冠地名 …… 050

第五节　自然性命名的地名 …… 054

自然资源入名来 …… 054
植物与中国古代地名 …… 057
动物与中国古代地名 …… 061

第六节　改名与重名现象 …… 065

为尊者讳而改变的地名 …… 065
王莽新朝的改地名风潮 …… 068
令人头痛的重名现象 …… 071

第三章　华夏各地地名渊源

第一节　中国古代行政区划的渊源 …… 076

"九州"的由来 …………………………………………… 076
　　省的由来 …………………………………………………… 078
　　县、乡、村的由来 ………………………………………… 078
　　其他行政区划单位的由来 ………………………………… 080
　　中国各地域名称及简称的由来 …………………………… 082

第二节　华东地区地名渊源 …………………………… 085
　　山东地名渊源 ……………………………………………… 085
　　安徽地名渊源 ……………………………………………… 088
　　江苏地名渊源 ……………………………………………… 093
　　江西地名渊源 ……………………………………………… 097
　　浙江地名渊源 ……………………………………………… 101
　　福建地名渊源 ……………………………………………… 104
　　上海地名渊源 ……………………………………………… 107
　　台湾地名渊源 ……………………………………………… 110

第三节　华南地区地名渊源 …………………………… 116
　　广东地名渊源 ……………………………………………… 116
　　广西地名渊源 ……………………………………………… 121
　　香港地名渊源 ……………………………………………… 125
　　澳门地名渊源 ……………………………………………… 128
　　海南地名渊源 ……………………………………………… 130

第四节　华北地区地名渊源 …………………………… 134
　　北京地名渊源 ……………………………………………… 134
　　河北地名渊源 ……………………………………………… 138
　　山西地名渊源 ……………………………………………… 140
　　天津地名渊源 ……………………………………………… 145

内蒙古地名渊源 ·················· 147

第五节　华中地区地名渊源 ·················· 152
　　河南地名渊源 ·················· 152
　　湖北地名渊源 ·················· 155
　　湖南地名渊源 ·················· 164

第六节　东北地区地名渊源 ·················· 172
　　"东北"与"满洲"名称的由来 ·················· 172
　　黑龙江地名渊源 ·················· 173
　　吉林地名渊源 ·················· 175
　　辽宁地名渊源 ·················· 178

第七节　西北地区地名渊源 ·················· 181
　　陕西地名渊源 ·················· 181
　　青海地名渊源 ·················· 189
　　甘肃地名渊源 ·················· 191
　　新疆地名渊源 ·················· 193
　　宁夏地名渊源 ·················· 196

第八节　西南地区地名渊源 ·················· 201
　　四川地名渊源 ·················· 201
　　贵州地名渊源 ·················· 210
　　云南地名渊源 ·················· 214
　　重庆地名渊源 ·················· 216
　　西藏地名渊源 ·················· 220

参考书目 ·················· 224

第一章
中国地名概述

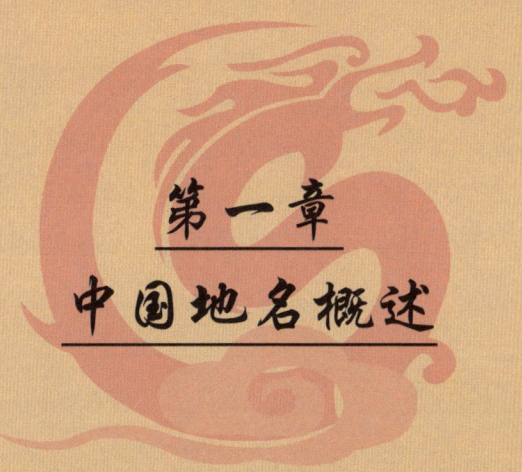

　　一个地方之所以引人注目，是因为它蕴含了太多的历史文化底蕴。地名则是一个地方最直观的表现形式，中国的地名生动有趣，多姿多彩，这也反映了中华大地的幅员辽阔、地形多样、历史悠远和人文信息丰富，值得让人细细体味。

第一节　中国古代地名的形成与演变

地名，不仅是地理方位的标志，更是历史文化变迁的见证。地名是一部浓缩的历史。从地名中可以看出一个民族历史文化演进、变迁的轨迹。

■ 中国地名的变迁

中华悠悠上下五千年，许多地名都有长达数千年之久的演变历史。地名的演变折射着时代的烙印，追溯这些变化的轨迹，往往可以发现很多有趣的现象。在市场经济的今天，地名无疑是一个城市最重要的无形资产之一。提起杭州、桂林、洛阳、绍兴、扬州、蓬莱、巫山、天水、伊犁、康定、丽江、酒泉……这些地名大家都是耳熟能详。单是听听这些如诗如画的地名，游客就已经心驰神往。地名之所以如此引人注目，是因为它包含了太多的历史文化信息。

一些历史悠久的名城，往往有过好几个十分响亮的名字。例如江苏省南京市，就曾有过江宁、金陵、建邺、白下、建康、应天等名称。由于每个旧名都有极为厚重的历史底蕴，这令南京人难以取舍。为什么一个地方会有那么多地名？地名又是因何而变？地名改变虽然有很多偶然因素，但是也有规律可循。一般来说，只有当行政区划制度发生重大变革,或者出台了有关行政区划名称的新规定、新政策时,许多地名就会发生变更。如从分封制转向郡县制,从州县制转向行省制,以及历代郡、州、军、路、府、道等行政区划的兴废,都相应地大量更改了地名。

几千年来,我国行政区划屡经变化,但总体而言,作为一个地区历史文化的最直接的符号,地名还是保持了相对的稳定,一大批古代地名被世世代代保留下来。远至大禹时代划分的九州之名,有五个——青州、兖州、扬州、荆州、徐州,虽然辖区几经变化,但是地名却原封不动地被沿用至今。冀州和豫州如今已没有被用作地名,但也成为河北、河南两省的简称。只有并州和雍州,完成了历史使命,被废弃不用了。

▲ 大禹像

■ 地名中隐藏的时代印记

地名在不同历史时期的变化,都与其特定的时代特点有着密切的联系。

远古时期,虽然黄帝号令天下,"方制九州",但全国境内大大小小的部落各自独立,不下"万国"。为了各自的生存与利益,大家你杀我夺,征战不断。面对这种混乱的局面,尧、舜、禹等领导人为此十分焦虑。为平息战乱，大家互相结盟，"禹会诸侯于涂山，执玉帛者万国"。经过协商，有相当一部分诸侯国实现了结盟联合，诸侯国由上万个减少到三千多个，一直到周武王时期还有"千八百国"。现在浙江的诸暨、上虞等地名，就是由于大禹在此分别会盟诸侯而得名的。据史书记载：诸暨是指"禹会计而诸侯毕及也"，上虞是因为"禹与诸侯会，事讫，因相虞乐，故曰上虞"。这些地名充分反映了尧、舜、禹时期的政治特点。这种政治理念和治乱方略顺应了历史发展的趋势，因而得以进一步延续，到西周时，周武王曾大会诸侯于孟津（今河南孟州市），甚至为秦王朝统一中国奠定了一定的思想基础。

秦始皇统一中国后，推行强权政治，大刀阔斧地实施郡县制改革。据统计，秦朝全境分设48郡（最初只有36郡），郡名至今还作为政区地名沿用的有19个。诸如秦淮河、秦皇岛等名称，足以反映秦始皇不可一世、气吞华夏的政治宏图。秦淮河是为了断绝、消除金陵的"王气"而人工开凿的，秦皇岛是因秦始皇入海求仙"尝驻跸于此"而得名的。

西汉既继承了秦的郡县制，又在部分地域恢复分封制，先后设置了103个郡国，其中有近40个郡国名称现今仍作为政区地名在使用。汉高祖为了进一步巩固疆域，实现国泰民安、"广大汉业""扩大汉疆"的目标，以显示自己的宏图大略，从而于高祖六年（公元前201年）设立了广汉郡（今四川广汉市）。

唐朝时，为了对广阔的疆土实施有效控制和管理，在政区设置上也多有创新，实施了分层管理与分类控制，既设立了道州郡府，又设立了都护府及边州都督、节度经略使、羁縻州等。武则天比较崇尚武力，自己又姓武，所以武则天时期新设的郡县多冠以"武"字，现在浙江的武义县、河北的武安县、重庆的武隆县以及江西的武宁县等，都是由此而得名的。

宋朝时，行政区划及名称的设置又发生了一些变化，全国共分为十五路，下设"府州军监"。其中有一个显著的特点，即皇帝的"潜邸"（又称潜龙邸，特指非太子身份继位的皇帝登基之前的住所）后来几乎都成了府。如宋高宗即位前的封地原名康州，高宗即位后升为德庆府；宋徽宗即位前的封地原称端州，即位后改名为肇庆府；宋光宗即位前的封地为恭州，即位后升为重庆府。这种将"潜邸"升府的现象，说明宋朝的统治者迷信"发迹之地"，表示不忘"故土之恩"，显示出强烈的怀旧意识。

元朝是少数民族入主中原，故在政区设置和名称上具有其民族特色。元朝第一次提出和使用了"省"这个行政区划概念："立中书省一，行中书省十有一"。扩大疆域是元朝始终不渝的理念和追求，元世祖至元十四年（1277年）设置了广元路，这是今广元市名称的来源。元朝统治者把这种强烈的"扩充元朝疆土"的政治理念和宏伟抱负，永远铭刻在地名之中，以期世代铭记。

明清时期，政府基本上沿袭了前代的行政区划和体制，以省、府、州、县为主的地方政体进一步确立。体现明朝地名特色的当属"守""卫"二字。明朝把地方行政与军队分开管理，府州县只领民户，另设卫、所以领军户，因而全国设卫所上千，其中卫有493个，如天津卫、威海卫、宁夏卫、哈密卫等。清朝的地名特色是在北方设置了"盛京将军""宁古塔将军""黑龙江将军""伊犁将军"等，在南方少数民族地区设置了70多个羁縻州。

中华民国追求民主共和的资产阶级民主革命思想，因此，有一些地方出现了以"民权""博爱""共和""同仁""互助"命名的县，充分反映了这一时期的社会思潮和人们思想观念的变化。

中华人民共和国成立后，也出现了一些反映不同历史时期政治观念的新地名，如解放区、跃进区、红旗县、社旗县、前进区、东风区、卫东区等。

以上这些地名都鲜明地反映了各个时代人们的政治信念和理想追求，客观地记录了时代前进的印记。

■ 古代地名的传承特点和规律

华夏上下五千年，许多古代地名沿用至今。仔细分析一下沿用下来的这些地名，可以发现一些其存在的特点和规律。概括起来，大概有以下几点。

1. 标志鲜明

任何一个地方总会有不同于别处的鲜明标志，哪个最突出、最显著，哪个最能代表这个地方的特色，那么人们就会将它视为这个地方的标志与符号，或者干脆就把它用作地名。

地名标志一般可分为自然标志和人文标志。有的地名侧重于自然标志，以自身的自然地理的特征而得名，如泰安、济南等。有的地名侧重人文标志，如长子，即因古时为尧长子丹朱的封地而得名；又如南郑，是因春秋时郑国遗民南迁至此而得名。

2. 特性显著

有些地名具有非常鲜明的地域特征，在当地自然环境中最具有代表性，既形象醒目，又显著典型，具有独特性，使人们易于识别牢记，如九江、长沙、渤海、琅琊、武陵等。

另外，地名不仅为当地人服务，也要为外地人服务，一般要求长久、稳定，不能随意改动，否则随意变来变去，就会给人们带来麻烦和不便。因此，易变的东西，不稳固的东西，容易流失的东西，一般都不能作为确定地名的依据。与此相反，名山大川具有恒久性、稳定性，不易移动、消失或毁灭，能长期存在，所以因其为名的比较多，如邯郸、太原、汉中等。

3. 文化认同

地名是一种文化符号，没有文化的地名是缺乏丰富内涵的，是不会有广泛认同性的，因此也就不会具有长久的生命力。好的政区地名往往是丰富文化内涵的载体，它或记载历史事件，或铭记传奇故事，或敬仰名山大川，或推崇人文地理等，能世世代代被认同、被接受。广泛的文化与历史认同性是地名长期存在的基础和必要条件。认同性强，地名长期沿用的可能性就大；历史认同性弱，地名沿用的可能性就小。如咸阳、成都、南海、敦煌、天水、酒泉等地名，都具有很强的文化或历史认同性。

知识链接

容易读错的中国地名

看一看下面几个地名，你都读对了吗？

1. 安徽黟（yī）县
2. 河南浚（xùn）县
3. 河北蔚（yù）县
4. 山东临朐（qú）县
5. 山西繁峙（shì）县

6. 湖北蕲（qí）春县
7. 四川郫（pí）县
8. 陕西邠（bīn）县
9. 云南漾濞（bì）县
10. 辽宁岫（xiù）岩县

第二节　多姿多彩的中国地名文化

地名是代表地理实体的一种语言符号,是人们在相互交流中为了识别周围环境对位于地表特定位置上的地方所赋予的名称。地名往往蕴含着极为丰富的自然或社会文化内涵,还可以反映某一民族、某一地区及其某一历史阶段的地貌特征、物产、经济、历史事件或人物、生存范围、历史变迁以及宗教信仰等。

■ 古代地名中的历史和人文信息

中国的地名生动有趣,多姿多彩,耐人寻味,从不同侧面反映了中华大地的幅员辽阔性、地理多样性、历史悠远性和人文丰富性。

我们可以从很多地名中追寻到一些历史人物或历史事件的痕迹。如河南三门峡市的渑池县,两千多年前赵王与秦王举行"渑池会",蔺相如逼迫秦王为赵王击缶。除此之外,这样的地名还有很多。如浙江的莫干山是吴越铸剑高手干将、莫邪夫妇隐居并造出举世无双的"干将""莫邪"雌雄双剑之地;河南的商丘,原是商汤的国都,朱仙镇是协助信陵君救赵败秦的魏国大力士朱亥的故乡;山东的柳里,是被孟子称为"圣人"、民间流传"坐怀不乱"的君子柳下惠的故里;河北的秦皇岛,是因秦始皇东巡至此并派人入海求仙而得名。

▲ 浙江莫干山

中国幅员辽阔，地形复杂，河流山川众多，不少知名的地名就与其地理地貌有关。有的以名山大川为界标，划地而封，如太行山以东名"山东"，太行山以西曰"山西"；洞庭湖以南为"湖南"，洞庭湖以北是"湖北"；黄河以南称"河南"，黄河以北叫"河北"。有的以山川为名，如"四川"代表境内的四条大川——嘉陵江、岷江、乌江、金沙江，"浙江"则是因其境内蜿蜒曲折的钱塘江得名。有的以位处河流山川的相对位置为名。山之南向阳，故称"阳"，如衡山之南的"衡阳"、贵山南麓的"贵阳"；山之北背阳，所以称为"阴"，如华山北侧的"华阴"；水之南背阴，故称为"阴"，如"江阴"（地处长江南岸）、"淮阴"（地处古淮河南岸）；水之北向阳，故称为"阳"，如"洛阳"（地处洛河北侧）、襄阳（地处古襄水之北），"泾阳"（地处泾河北岸）。

还有的是两者兼而有之，如咸阳，它地处华山之南，渭水之北，所以山水俱"阳"，故称"咸阳"。另外，有一些地方干脆就是"直呼其名"，如"渭南"（地处渭水之南）、"淮南"（地处淮河之南）。

有些地方是以动物为名，如"羊城"（今广州）、常州附近的"奔牛"镇，四川乐山附近的"马踏"镇，台湾的"鸡笼"（今基隆）。

有些地方以当地的金属矿藏为名，金银铜铁锡俱全，如甘肃的金昌、白银，安徽的铜陵，辽宁的铁岭，江苏的锡山、无锡等。

有些地方则是以姓氏为名,如山东的曹县、单县、陶(定陶)县等。

有些地名则直接寄托了人们心中美好的心愿,如长安、宁波、江宁、旅顺、大同等。但要说地名之雅,首推"人间天堂"的江南名城南京、苏州、杭州。南京的桃花渡、燕子矶、栖霞寺、莫愁湖、墨香路、菊花台等,散发出六朝风雅文人的气味。苏州的桃花坞、沧浪亭、乌鹊桥、凤凰街、竹辉路、三元坊、玄妙观、诗巷,更是雅意十足。杭州西子湖畔的"平湖秋月""柳浪闻莺""苏堤春晓""断桥残雪""曲院风荷""雷峰夕照""三潭印月",这些地名本身就是一道著名的风景,显得诗意浓郁。

中国现在的省名中,有四个省名由其境内的重要城市或著名地方的名字复合而成。如安徽是由"安庆"和"徽州"合成,江苏由"江宁"(南京)和"苏州"合成,甘肃由河西走廊的重镇"甘州"(今张掖)和"肃州"(今酒泉)合成。福建省,唐代取福州之"福"和建州之"建"置福建经略史,始有福建之名。

■ 中国地名的历史文化内涵

中国地名是不同历史时代演变的产物,许多古老的地名往往负载着不同时代的历史印记。地名不仅可以告诉人们各个朝代的年号、官府的名称、皇帝用字的避讳等,而且一般都会有着一定的历史渊源。如古城苏州就有十几个别称:春秋时期是吴国的首府,称为"吴中",也称"吴都";战国时别称"吴门";秦时划属会稽郡,郡县连称"吴会";隋朝以后,才因境内的姑苏山而改称"苏州"。

有些城市,特别是军事重地,则数易其名,见证了历史朝代更迭变迁,也沉淀了几千年来的风风雨雨、人物风情。其中最典型的要数北京，可算是更迭最频繁的一个。

作为中国北方的军事重镇，北京作为城市的历史可以追溯到3000年前，先后被称为蓟城、燕都、燕京、中都、大都、北平、京师、顺天府等。周武王灭商后，封召公于燕，封尧之后人于蓟。后来燕国灭蓟，其地统称"燕都"或"燕京"，成为燕国的首府。秦代时，将此地设为蓟县。汉高祖五年（公元前202年），刘邦封亲信卢绾在此为燕王，都蓟城。此后燕国的国号反复被除又被封，但蓟城幽州一直是北方军事文化重镇。唐朝安史之乱期间，安禄山在此称帝，建国号为"大燕"。后唐时，卖国求兵的后晋"儿皇帝"石敬瑭为求得支持，将幽、蓟等"燕云十六州"献给契丹。此后历经五代、宋、辽、金、元时期，四五百年间，燕赵之地一直处在契丹、金、蒙古等异族人的统治之下，直到明朝时，大将徐达、常遇春攻灭大元，北京和燕云十六州才得以重归汉人手中。其间，金朝完颜亮曾定都于北京，将其称为"中都"。北京成为真正意义上的"全国人民的首都"是从蒙古皇帝元世祖忽必烈开始的。忽必烈灭了金和南宋建立元朝后，见金中都"水草肥美"，遂决定定都于此，将其改名为"大都"，并且大兴土木，规划和构建了一系列的城市和皇家建筑，奠定了大都大型都市的规模。有趣的是，由于蒙古人是游牧民族，草原上一般很少能见到大片水域，所以便把元大都内的湖泊都称为"海子"，如"中南海""什刹海"等，并沿用至今。明太祖朱元璋建立明朝后，定都南京，收复燕云十六州，平定北方疆土后，把元大都改名为"北平"，并封他的四子朱棣在此为燕王。朱元璋死后，燕王朱棣发动"靖难之役"，从侄子建文帝手中夺取皇位，迁都北平，改名"北京"。清兵入关后，皇太极将首都由盛京（沈阳）迁至北京，沿用北京之名，又称其为"京师""顺天府"。民国政府在北京时称"北京",在南京时称北京为"北平"。1949年,中华人民共和国成立后,定都北平,并将其改回"北京"之称。

从曾经的一个小诸侯国、居民点,发展成为区域性中心和重要军事基地,又成为另一个非汉族政权的都城,到现在成为国家首都。北京地名的演变反映出这座城市的发展过程,实际上是一部北京的开发史、政绩沿革史和社会变迁史。

可见,每一个地名都折射出中国历史文化的变化。

■ 中国地名的宗教文化内涵

中国自古至今曾出现过许多宗教,各种宗教名胜古迹的名称许多都演变成了地名,成为宗教文化的产物。我国的宗教性地名大致可分四类:

1. 庙

庙,是人们供奉祭祀祖先、佛、神、仙、鬼以及历史名人的场所,如北京三义庙、皂君庙、红庙等。这些庙名虽然简单,却反映出丰富的文化含义。

2. 观

观,原是宫廷或宗庙大门两侧的高大建筑物,后来成为道教的专门场所,如北京回龙观等。

3. 宫

宫,原用于指人们的住宅,后指帝王的高大居室,后也多用于道教、佛教的宫殿,如乾清宫、雍和宫、布达拉宫、万寿宫等。

4. 寺

寺,是佛教建筑名,禅院、佛寺的别名。佛寺命名反映出所供奉的佛神、佛教文化追求的理想、倡导的修行理念以及对国家的态度，如少林寺、报国寺等。

■ 地名与古人的社会心态

地名不仅可以反映出自然地理以及历史人文的种种特点，而且也能反映人们的社会心态。

在我国 5000 年的历史长河里，既有粼粼碧波的升平景象，也有充满惊涛骇浪的苦难历程。每当劫波过后，人们便以多种方式表达祝愿、希冀和企求，赋地名以吉祥、和谐、发达之意的便是一种。比如宁夏。灵武县水洞沟旧石器文化遗址表明，距今 3 万年前，这里便有人类活动。东晋义熙三年（407 年），匈奴铁弗部赫连勃勃建立夏国，辖地包括今宁夏全境。宋理宗宝庆三年（1227 年）蒙古灭西夏。元世祖至元二十五年（1288 年），取"夏地安宁"之意，改"中兴府"为"宁夏路"，宁夏之名自此确立。又如广西壮族自治区首府南宁市，因地处西江支流邕江沿岸，故南宁简称"邕"。据《郡县释名》载，"南宁"取"粤南永宁"之义。辽宁省横跨辽河两岸，清末属奉天省，是我国抗击外夷入侵的前沿阵地，战乱频仍，民生凋敝。1929 年，国民政府改"奉天"为"辽宁"，取"辽河流域永久安宁"之意。源出山西省北部管涔山的永定河，是淮河水系五大河之一。因上游流经黄土高原，其含沙量仅次于黄河，所以有"浑河"和"小黄河"之称；又因下游淤浅，河道迁徙无定，故又有"无定河"之名。康熙三十七年（1698 年），清政府在卢沟桥以下沿河两岸修筑长堤以防水患，康熙帝下令改河名为"永定河"，希望它能"永远安定"。河水虽然泛滥如故，但"永定河"之名却流传了下来。

▲ 如今的永定河

在我国地名中，地名往往折射出中华民族传统的社会心理、价值观念、伦理道德精神等人们所共有的社会心态，这种社会心态实际上是中华民族传统文化的一种反映。如长安镇、吉安县、福建省等这些地名反映出人们对美好富裕生活的一种向往，对幸福长寿生活、富强昌盛社会的一种追求；太平山、永安市、安定门等这些地名反映出人们希望天下太平，永远过着和平、安定、平安的日子；顺义县、武汉市、五华山等这些地名则反映出人们重义、重武卫的社会心态。

另外，中华民族的历史社会是一个重宗族的社会，人们把宗族看成社会构成的主要支柱；皇帝把天下当作自己的天下，老百姓把本宗族的居住地当作本族的乐土，在地名上冠以族姓，如石家庄、李家湾、王家店等。

除此之外，我国许多地名还反映人们对龙神及历史人物崇敬和敬仰的社会心态。龙是多种动物的综合体，因为其头部像牛、马或蛇，又有蛇躯、鳞身、鱼尾、鹰爪、龟足，因此人们认为龙能反映中华多民族的融合，被作为中华民族崇拜、信仰的图腾，因此，中国许多地名都带有"龙"字，如盘龙江、龙王庙、龙山等。

这些地名的正确读法

1. 浙江的丽（lí）水、台（tāi）州
2. 河北的蔚（yù）县、井陉（xíng）、乐（lào）亭、蓨（xù）宁
3. 湖北的监（jiàn）利
4. 湖南的郴（chēn）州
5. 安徽的歙（shè）县、六（lù）安、亳（bó）州、枞（zōng）阳
6. 山西的长（zhǎng）子县、洪洞（tóng）、隰（xí）县
7. 新疆的巴音郭楞（léng）
8. 内蒙古的巴彦淖（nào）尔
9. 江西的铅（yán）山
10. 山东的东阿（ē）、莒（jǔ）县、茌（chí）平
11. 重庆的涪（fú）陵
12. 辽宁的阜（fù）新
13. 四川的珙（gǒng）县、犍（qián）为
14. 这一组比较特别，山东的莘（shēn）县，到上海则成了莘（xīn）庄

第二章
中国古代地名的命名

在我国，有着难以计数的形形色色的地名。它们有的已存在三四千年，有的仅百年左右；有的自诞生以来历尽沧桑而行不更名坐不改姓，有的则随着星移斗转多次更换名称。它们如同一颗颗光彩夺目的明珠，镶嵌在幅员辽阔的神州大地上；它们又像一位位阅历弥深的时光老人，向你娓娓诉说着历史的变迁。

第一节 古代地名命名综述

古往今来，中国有着无数的地名。中华民族地大物博，历史悠久，对地理位置的命名更是丰富多彩。

■ 中国古代地名命名的形式

地名的命名与来历各不相同，涉及自然科学、社会科学的方方面面。

1. 依所处区域的山、水命名

这主要分以下几种情况：

（1）直接以山脉、河流、湖泊等名称命名。如马鞍山市、牡丹江市、沂水县、微山县、屏山镇等。

（2）以地处山、水的方位命名。河南有十朝古都洛阳、殷商古都安阳及信阳、南阳；辽河北岸的是辽阳、沈河北岸的是沈阳；其他如安徽有阜阳，贵州有贵阳，浙江有平阳，河北有高阳……以阳为地名的太多了，不胜枚举。地处长江南岸的有江阴，地处淮河南岸的有淮阴，地处沂蒙山北坡的有蒙阴……此处前面已有提及，不再多说。

（3）因靠近水或山而命名。如临沂市、临汾市、临海市、江浦县、溆浦县、淮滨县、滨海县、临朐县、临邛县、临高县等。此外，三水市因地处西江、北江汇流处，城临西江、北江、珠江三条河流而得名；五河县地处皖东北淮河中下游，因境内淮、浍、漴、潼、沱五水汇聚而得名。

（4）以山、水配上吉祥语命名。如泰安市，因泰山而得名，"泰山安则四海皆安"，寓"国泰民安"之意。再如宁波，原称明州，明洪武十四年（1381年），为避国号讳，朱元璋采纳鄞县读书人单仲友的建议，取"海定则波宁"之义，将明州府改称宁波府，沿用至今。

（5）因地处河流的源头而取名。如济源市、沂源县、资源县等。

（6）因地处河流的尾闾而命名。如汉口、海门市、河口瑶族自治县等。

（7）以几座山、几条河的首字组成地名。如新泰市，西晋以前曾称"东平阳县"。晋泰始年间，南城侯羊祜奏本取新甫山、泰山之首字，改县名为"新泰"。再如潇湘古镇，五代时设置，在今湖南省永州市西北，因地处潇、湘二水合流处而得名。

（8）因山脉走向或河流流向的曲折得名。这一类地名多在山水专名后面或在姓氏后面缀以湾、曲、套、圈、隅、里等字，如河曲、河套、易家湾、苗家曲、王家圈、高里等。

2. 按当地地形地貌或所处地理位置命名

如平原县，因地势平坦而得名；大洼县，因地处辽河、浑河下游地势低洼而得名；云南大理的洱海，以湖形如耳得名；台湾岛东北部的鼻头角，是伸入海中的小半岛，因形如鼻子尖，故名；太湖之滨的鼋头渚，是伸入湖中的半岛，因形如鼋头而得名；福州东郊的鼓山，因峰顶有形状如鼓的巨石而得名；湖北省麻城市的龟峰山，因形如巨龟得名。

▲ 孔子像

3. 沿用旧地名

包括以下三种情况：

（1）沿用古国名作县、市名。孔子的故乡曲阜，是鲁国的国都，所以曲阜古时候曾称"鲁县"。

孟子的故乡邹国（本作邾国，周朝改称邹国），秦时置县曰邹县（今邹城市）。诸葛亮的故乡琅琊郡阳都县（在今山东省沂南县南部），曾是春秋时期一个小国——阳国的国都。莒县、滕州市、郯城县都是以古国名命名的。

（2）以本地不同历史时期的几个地名的首字组成新地名。德平为山东省旧县名，此地汉朝为"平昌县"，魏属"安德郡"，五代后唐时从郡、县名中各取一字，名曰"德平"。

（3）因曾是历史上府、州、县等的治所而得名。如山东省东平县的州城镇、旧县乡，蒙阴县的故县村，贵州省安顺市的旧州镇，湖北省蕲春县的蕲州镇，湖北、云南等省的数个"巡检司"，以及遍布全国的以"城子"命名的村庄。

4. 由两个或两个以上地名合并构成新地名

前述安徽、江苏、甘肃、福建四省的名字即属此列。1939年，以富顺县自流井及荣县贡井合并设置市（1942年批准），取名"自贡"。1949年，将原武、阳武两县合并，县名"原阳"。1951年，将西隆和西林两县合并为"隆林县"，县名由原来两个县名的末字组合而成。1952年，达尔罕旗与茂明安旗合并为"达尔罕茂明安联合旗"。此外，赣江上游东源贡水和西源章水在赣州汇合后称赣江，"赣"字是由"章"和"贡"二字组合成的合体字，这也算是一个合称的特例。这类地名还有很多，诸如新海连、旅大等旧地名，武汉、襄樊、潍坊、淄博、乌海、六盘水、高青、兰考等现行地名均属此类。

5. 以所在地的村镇命名

以村庄名作乡、镇名，以村镇名作市、县名。在我国，绝大多数乡镇都直接用乡镇政府驻地村庄名称命名，每个乡镇基本上都有一个同名的村，这里就不再一一举例了。以村镇名作市、县名的，在全国也为数不少，如石家庄、枣庄、鹤壁、驻马店、东营、景德镇、张家界等。

6. 因邻近边界而命名

四川省盐边县因邻接云南省而得名。张家界原是一个村庄，因地处大庸、桑植、慈利三县交界处而得名。莒南县有三界首村，郓城县有五界首乡。延边朝鲜族自治州、靖边、界首、界上、铁山界、界化垄、黄洋界、界河、界牌等地名均属此类。

7. 以商贸业经营场所命名

"集市"是农村或城市中定期买卖货物的市场，不少地名就是以"集"或"市"命名的。北方，尤其是苏鲁豫皖交界地区，以"集"字命名的居民点极多，如符离集、辛集、新集等。南方，尤其是湘鄂地区，以"市"字命名的居民点极多，如津市、沙市、文家市等。"务"是宋代官设的贸易机关和场所，宋元俗语对酒店也通称"酒务"，部分"务"字地名至今仍在使用，如杨税务、河西务等。

8. 以工矿业生产场所命名

大冶市因铜绿山古矿冶遗址得名。烟台市芝罘区世回尧村原名石灰窑，相传唐代有人在此建窑烧石灰，故名。这里还有一个有趣的故事，山东莱芜市境内以"冶"字命名的村很多，新中国成立后，地质勘探人员就以这些带有"冶"字的村名为线索，运用当时的勘探技术，在此找出了众多的铁、铜、金、铅矿，这也算是地名的一大贡献吧。

■ 五花八门的地名命名

随便打开一本中国地名册，会发现许多地名的组成很有意思，可以说是五花八门，千奇百怪。

1. 以方位冠名

以方位名词冠名的地名很多，东西南北，前后左右，上中下等无所不包，如东海、东京、西安、西宁、南宁、南昌、北海、北京、中州、中牟、上杭、上海、下关、前庭、后庭、左云、右玉等。

中国的行省就有很多是用方位命名的，比如：河南、河北；广东、广西；湖南、湖北；山东、山西。

地级市以下采用方位词的就更多了：安徽有淮南、淮北，肥东、肥西；青海有海西州、海南州；江苏灌云南边新置的县叫灌南，如皋东边新置的县叫如东；湖南邵阳东边的县叫邵东；安徽阜阳南边的县叫阜南；山东莱阳西边的县叫莱西，沂水县南边的县叫沂南，莒县南边的县叫莒南；河北张家口北边的县叫张北，迁安市西边的县叫迁西，丰润县南边的县叫丰南……

2. 以数字冠名

数字在地名中的运用，从"零"到"万"，应有尽有。如零陵、二道河、二郎山、三亚、三台、三明、四川、四平、五台山、五原、六安、六盘水、七星台、七台河、八达岭、八宿、九华山、九寨沟、十堰、百色、千阳、万安等。

3. 以星宿命名

在众多地名中,以星宿命名的地名更加富有特点。湖南有个娄底市,"娄底"其实是"娄氐"的误写。天体上分布于黄道、赤道带附近一周天的二十八个星宿,可分为四组,西方白虎七星中有一颗"娄"星,东方苍龙七星中有一颗"氐"星,据说"娄底"这个地方就处在这两颗星星的下面,所以称此地为"娄氐"。其实,星空中的"娄""氐"二星的距离十分遥远,与地球上的距离单位更是云泥之别。

湖南省中部的南岳衡山,在五岳中素以秀美著称。《南岳记》中说:"以其宿当翼、轸,度应玑、衡,故为名。""翼""轸"是二十八宿南方朱雀一组中的两颗;"玑""衡"则分别是北斗七星中的第三星和第五星。大约衡山处在这四颗星星的下面,且与"衡"星

▲ 南岳衡山

垂直点的位置最近，所以称其为"衡山"。

4. 以吉祥字命名

这种情况十分普遍，可信手拈来，如：

（1）以"安"字命名的。福建有诏安、福安、永安，浙江有临安、瑞安，江苏有淮安、海安，安徽有六安，江西有吉安、乐安、德安，四川有广安，陕西有西安等。

（2）以"宁"字命名的。江苏有阜宁，浙江有海宁，湖北有咸宁，广东有兴宁，福建有泰宁、建宁、寿宁，江西有武宁，广西有南宁，青海有西宁等。

（3）以"顺"字命名的。辽宁有旅顺、抚顺，山西有平顺，浙江有泰顺，贵州有安顺，湖南有永顺等。

（4）以"昌"字命名的。江西有南昌、瑞昌、广昌，福建有顺昌，湖北有武昌、宜昌，甘肃有金昌、永昌，浙江有遂昌，海南有文昌等。

（5）以"兴"字命名的。浙江有绍兴、嘉兴、长兴、吴兴，江苏有宜兴，四川有宝兴等。

（6）以"丰"字命名的。江西有永丰、广丰、宜丰、信丰、南丰，江苏有大丰，湖北有咸丰，浙江原有孝丰县等。

（7）以"崇"字命名的。湖北有崇阳，江西有崇义，四川有崇庆；福建有崇安；上海有崇明等。

5. 以州字命名

在中国古代，"州"是行政区域，从汉代的中国九大州（相当于现在的省或新中国成立初期的大区）和唐以降的相当于地级市的州，"州"的概念根深蒂固，所以今天遗留下来的以州为地名的地方非常的多：江苏有徐州、苏州、常州、扬州、泰州；浙江有杭州、温州、衢州；

山东有德州、曹州（今菏泽）；广东有广州、梅州；河南有郑州；甘肃有兰州；湖北有荆州、鄂州；湖南有株州、彬州、永州；广西有柳州、钦州……实在太多了。

6. "回文" 地名

所谓"回文"地名，即一个词反正读都一样，如浙江有海宁，也有宁海；河南有开封，广东有封开；浙江有安吉，江西有吉安；福建有德化，内蒙古有化德；河北有隆化（董存瑞牺牲地），青海有化隆；江西有武宁，山西有宁武……

7. "相对" 地名

这种"相对"，不仅有位置上的，也有地形上的，甚至还有颜色上的，不一而足。如广东有汕头市，也有汕尾市，尽管两地相距好几百里；广东有海丰，也有陆丰，让人不解的是陆丰靠海近，而海丰离海远；胶州湾口是青岛，隔湾西岸是黄岛，胶州湾内还有红岛；另外，内蒙古诸如左旗、右旗、前旗、后旗的地名，就更多了。

知识链接

地名中的对仗（一）

1. 天津——海南
2. 江西——山东
3. 四川——浙江
4. 台湾——香港
5. 山西——河南
6. 北京——西藏
7. 白山——黑河

8. 银川——铜陵
9. 汕尾——吉首
10. 酒泉——烟台
11. 武冈——文昌
12. 百色——十堰
13. 金华——铜仁
14. 阜新——个旧
15. 青岛——赤峰

第二节　政治性命名的地名

在漫长的历史长河中，每个时期都有各自要着力解决的核心事务，每个阶段都有各自需要完成的历史使命，统治者必然也要有各自不同的政治方略和执政理念。随着时间推移，这些政治观念慢慢融入地名之中，留下深刻的时代印记。在当前我国县级以上地区中，有300多个地名记录并反映了这种政治印记。

■ 帝王年号、称号与地名的命名

在中国封建社会，地名与政治动辄就挂起钩来，而且往往还与帝王相联结。

"普天之下，莫非王土。"皇帝至高无上，手中的权力也是至高无上，为了给自己树碑立传，不少皇帝以自己的年号给地方命名。如，永平县以汉明帝的永平年号命名，兴国县以宋太宗的太平兴国年号命名，绍兴市的前身绍兴府以宋高祖的绍兴年号命名。

以帝王的称号命名地名的，最显著的一个例子莫过于一个"襄"字。"襄"字在词典中的解释有帮助、辅佐、扫除、完成、高大等意义，其寓意非常贴合帝王的身份地位，所以古代帝王称号中采用得很多。仅春秋战国时就有十六位诸侯王以此为称号，如秦襄公、齐襄公、

▲ 襄阳古城墙

宋襄公、晋襄公、郑襄公等。秦国先后有三位侯王以襄为称号，除秦襄公外，后来又有秦昭襄公、秦庄襄公。我国有很多地名，就是以这些帝王称号得名的，或者他们封地在此，或者其建都之地，甚至是其陵地，都会成为地名的来源。

河南襄城县，据《元和郡县志》所载："春秋襄王避叔带之难，出居郑地氾，在今县南一里古氾城是，盖以周襄王尝出居此，故名襄城。"其意是说，春秋时，周襄王为躲避夷狄之难逃亡到郑国氾水，在此居住过一段时间，所以起了这么个名字。襄城在战国时为魏国襄城邑，秦朝时始设襄城县。

湖北的襄阳为历史名城，其名称的来历有两种说法：一说襄阳之称"取自楚顷襄王的谥号"；一说因地处襄水之阳而得名，《水经注》载："应劭曰：城在襄水之阳，故曰襄阳。"另外，襄阳市所属的襄城区也是以境内的襄阳古城而得名的。

山西襄垣县，据说是因战国时赵国的赵襄子在此筑城而得名，当时称襄垣邑。西汉时刘邦在此设立襄垣县，其名延续至今。

山西临汾还有个襄汾县，原为襄陵县、汾城县，1954年两县合并，取两县名之首字命名为襄汾。据《读史方舆纪要》载："汉置襄陵县，属河东郡。应劭曰：'县西北有晋襄公陵，因名。'"可见，汉朝之所以在此设襄陵县，是因晋襄公葬于此地。

由于这些取自年号的地名在某种程度上契合了统治者的价值观和广大民众的美好愿望，因而一直沿用至今。

■ 皇帝亲赐地名显示荣宠

中国历史上，皇帝亲自赐名的郡县不在少数，历朝历代都有。从史料上看，皇帝主动赐的地名不多，而经大臣、地方官员上奏请赐的较多。归纳起来，皇帝赐地名的背景或缘由，大致有以下几种。

1. 为纪念发迹之地而赐名

这种现象在封建社会较为普遍，含有一定的纪念意义。

安徽怀宁县原名皖县，东晋"永嘉之乱"后，晋安帝司马德宗于此立身，故取"怀宁兹土"之意赐名怀宁。

广东肇庆市原名端州，宋朝时为宋徽宗即位前的封地，徽宗即位后以端州为自己的发迹之地，赐名肇庆，并由州升为府，寓"开始带来吉庆"之意。

湖北钟祥市，明朝时曾是嘉靖皇帝朱厚熜发迹之地，因而嘉靖皇帝为其赐名钟祥，取"祥瑞钟聚"之意，以示"钟祥孕秀"之意。

2. 为敬天祈福而赐名

据《湘州记》记载，一次秦始皇南巡到湖南，想渡过湘江到衡山上游玩。可惜天公不作美，"遇风浪溺败"，未能如愿。但为表示自己对大自然的敬畏之情，特赐名衡山为君山（今岳阳君山区）。

传说隋文帝北巡时，"以傍汾水开道"，获得一块瑞石，"其色苍苍，其声铮铮"。隋文帝以之为天降祥瑞，爱不释手，"遂于谷口置县，因名灵石"，并将该地命名为灵石县（今山西灵石县）。

据《双槐岁钞》记载，浙江宁波在明初时原为明州，当地有位著名诗人单仲友在朝廷做官，上书朱元璋，说自己家乡地处明州，与国号相同，建议改掉明州之名。朱元璋认为他言之有理，便询问了一些当地山川地理方面的具体情况。单仲友说舟山之下有座状元桥，童谣说："状元出定海，此最为异。"朱元璋听了后便说："海定则波宁，是宜改为宁波。"宁波之名从此而定。

3. 因母病康复而赐名

传说三国吴孙权之母一次患病，虽经多方治疗而不愈，于是到"乌伤上浦"（今浙江永康县）神庙进香，祈求"上天保佑，永葆安康"。回去不久，其母病竟然痊愈了。孙权喜出望外，以为是自己的诚意与孝心感动了上天，遂赐此地为永康县。

4. 因宠爱某人而赐名

汉高祖刘邦为汉王时，从汉中洋川得到戚夫人，后带至长安，对其甚为宠爱。戚夫人出身南方，到长安后不服水土，"思慕本乡，追求洋川米"。为讨戚夫人欢心，刘邦专门设立驿站，运送洋川米入宫供其享用。同时，刘邦还将戚夫人出生地由乡提升为县，赐名祥川，"用表夫人载诞之休祥也"。

5. 因庆贺而赐地名

据史料记载，汉武帝东巡途经山西境内时，接到平越大捷的奏报，兴奋不已，即赐此地为闻喜县。当他到河南汲县新中乡时，又喜闻南越叛乱被平息，前线送来叛首吕嘉的首级，遂赐名获嘉县。

南宋时期，武冈一带因杨再兴父子叛乱，朝廷派兵扫荡后平息。高宗绍兴二十五年（1155年），取"新得安宁"之意，赐名新宁（今湖南省新宁市）。

明建文二年（1400年），燕王朱棣满怀必胜信心率兵南下"靖难"，

"由此济渡沧州，因赐名曰天津"，此为天津得名之始。

6. 因嘉奖而赐名

南朝梁天监三年（504年），地方首领祭丰带着自己管辖的东城从北魏归顺南梁。梁武帝非常高兴，特予嘉奖，将东城赐名定远。

北宋崇宁二年（1103年），杨晟臻带着诚州前来归降。宋徽宗大喜，取"远人安靖"之意，随即"赐诚州名曰靖州"。

7. 因对原名不满而赐新名

清雍正九年（1731年），鄂尔泰上奏，说乌蒙之地地名不祥，含有"乌暗""蒙蔽"之意，建议改掉。雍正帝再三斟酌后表示同意，遂取"昭明宣通"之意，赐名昭通（今云南昭通市）。

■ 地名中包含的政治意图

古代有为的帝王多是重视治国谋略和政策的，他们比较善于不断总结和积累治国之策，不但会把一些良策写进圣旨、法律，甚至还植入地名之中。特别是战乱之后，或者平定地方和边疆叛乱之后，他们痛定思痛，适时出台和调整政策及策略，恩威并施，并把经典政策以极简明的文字植入地名之中，以让国人永远铭记此教训。这样的字眼多用怀、抚、绥、靖等字。

1. 以"怀"字冠名的地名

将"怀"字冠入地名，主要体现的是统治者的安抚、团结的意图和政策。

如北京怀柔，就鲜明地凸显出这个特征。唐朝平定北部边疆，为了安置好归附的契丹部落，于开元四年（716年）将此地命名为怀柔，寓"招来安抚"之意。语出《礼记·中庸》："柔远人则四方归之，怀诸侯则天下畏之。"意思是说，对边疆的人好一点，四面八方的人都会来归顺你；对诸侯们多一些宽容，天下人就都会害怕你。

又如河北怀安县，始置于唐长庆二年（822年）。史书上对此记载得十分明确：怀安之称寓有"朝廷施行仁政，百姓怀恩而安"之意。

河北还有一个怀来县，在辽代时处于边陲战略要地，常为兵家征战之地，搞得当地民不聊生。为了避免战乱之祸，当政官员颇费一番思索，查阅典籍，终于在汉代的《新语·道基》，中找到"附远宁近，怀来万邦"这么一句话，遂取名怀来。

安徽蚌埠市有个怀远县，据《大明一统名胜志》记载："宋宝祐五年（1257年），贾似道奏涡口上环荆山，下连淮岸，险要可据。理宗御答云：荆山为城，义在怀远。绘图来上，殊用嘉叹。于是改名怀远。"这么一个县的命名，反映了宋理宗赵昀对此地的重视与特殊用心。

2. 以"抚"字冠名的地名

将"抚"字冠入地名，主要是体现封建统治者为巩固统治，坚持体恤、抚恤的政策和策略。

比如，辽宁抚顺是一座具有2000余年历史的古城。前82年，西汉王朝把帝国的东北军事行政管理机构玄菟郡设在这里。276—406年，高句丽政权同燕和后燕经历了百年战争后，新城（抚顺高尔山城）进入了百年和平时期。洪武十七年（1384年），当时全国基本平定，东北尚存少量元朝残余势力。为了稳定这股残余势力，明朝出台"抚顺持重"政策，目的在于"抚绥边疆，顺导夷民"，在高尔山下兴建抚顺城，"抚顺"一名由此得来。

又如江西抚州，原为陈国巴山郡。隋灭陈国时，在此地有过激战。隋文帝深感江山来之不易，一是要彻底清除陈国的影响，二是要安抚当地民众，稳定局势，遂改巴山郡为抚州，选派"杨武通奉使安抚"民众。

3. 以"绥"字冠名的地名

将"绥"字冠入地名，主要是体现封建统治者希望保持安定、安宁的意图和政策。

如辽宁绥中县，明朝时为广宁中后所，由于此乃清朝发迹之地，也是其固有根据地，便改其名为"绥中"，含"中后所永久平安绥宁"之意。

又如湖南绥宁县，史载为"宋收复蛮地置县"。也就是说，此地是宋朝在平乱之后，取"安抚太平"之意设立绥宁县。

再如云南绥江县，也属这种类型。据《绥江县地志资料细目册》记载："绥江者，因边连蛮地，取绥靖边疆之义；又因地处金沙江南岸，乃取名绥江。"

4. 以"靖"字冠名的地名

将"靖"字冠入地名，主要是体现封建统治者期盼社会稳定、安靖、平安的意图和政策。

如湖南靖州，唐属诚州，自古以来都不安定。北宋崇宁二年（1103年），朝廷即将出兵讨伐诚州。此时，占据此地的"杨晟臻以诚州来归"，宋徽宗赵佶甚悦，"复置郡县，赐诚州名曰靖州"，"取远人安靖之意也"，希望让归顺者继续在这里

▲ 靖江马洲书院

安静地生活。

又如江苏靖江，古称马洲、马驮沙，地处长江入海口，常年多水警，官民心多不宁。成化七年（1471年），应天（南京）巡抚滕昭上书朝廷，表章中说马驮沙"居长江下游，扼江海门户，捍卫全吴，足称重镇"。是年十一月，得到朝廷批准。为祈盼马驮沙从此河清海晏，安宁太平，成化帝同意设县，赐名靖江，寓"江海安定太平"之意，以寄托人们美好的愿望，从精神和心理上给人们以安抚。

总而观之，这些寓有政策意向的地名，之所以能流传至今还被使用，至少可以说明这些政策是符合广大群众的现实利益及心理期盼的。

■ 古时侨置制度下的地名变化

所谓侨置制度，是指我国古代政权在战争等特殊状态下，政府对相关地区迁出的移民进行异地安置，为其重建州、郡、县，但仍采用其旧地名的一种行政管理制度。在中国历史上，曾多次发生侨置州、郡、县的情况，其主要原因主要有三个：

一是战乱造成人民流徙到别处并形成聚居，但保持了原籍贯和地名。

二是特大自然灾害，如洪水、地震造成一些郡县城邑毁灭，辖域内人民无法在当地生活，不得不大规模迁移到别处生存，但仍使用原地名。

三是朝廷组织有规划的大规模移民，为安抚移民及随移官员情绪，采取保留原籍贯及郡县名称、减免赋税等政策。

最早因战乱而侨置州郡县之事，目前见于记载的是发生在春秋时期的两个事例。其一，周宣王二十二年（前806年），郑桓公受封于郑（今陕西华县东），后率臣民东迁至东虢与郐之间（今河南新郑一带）。周幽王十一年（公元前771年），郑桓公与犬戎发生战争，战败被杀，郑国遗民被迫南迁。因其所迁居之地地处郑国之南，故名之为南郑（今陕西汉中南郑县）。其二，宿国，风姓，原为周初分封七十一国之一，为姬姓之外的异姓国，故址在今山东东平县东南。宋庄公十年（前701年）三月，宋国以强欺弱，强行将宿国迁往自己的领地，成为其附庸国，并此地命名为宿迁。

我国历史上规模最大的侨设州、郡、县风潮发生在东晋、南朝时期，涉及州、郡、县最多，南迁人口也最为集中。西晋愍帝建兴四年（316年），匈奴攻入长安，西晋灭亡。司马睿逃亡建康（今南京），建立东晋，是为晋元帝。由于北方征战不断，社会动荡，加之皇帝偏安江南，很多北方的官吏和百姓便紧随其后南徙。据史料记载："晋元帝寓居江左，百姓纷自北南奔。"仅京口（今江苏镇江）、广陵（今扬州西北）一带就侨置了徐、青、兖、幽、并等州及所领郡县，武进（今江苏武进市西北）一带也侨设了20个郡和60多个县，并且继续沿用北方原州郡县名。当原州、郡、县收复后，就在其地名前加一"北"字，以与侨设州郡县相区别。南朝宋以后，又去掉"北"字，恢复北方原州、郡、县之名，而在侨设州郡县名前加一"南"字。如南朝梁时，在彭泽县、鄱阳县、石城县（今安徽池州市）一带侨设南太原郡。隋朝统一全国后，东晋、南朝所设的侨置郡县被完全废除。

唐朝国土辽阔，难免管理不周，边疆郡县常遭外族攻袭，政府便设立侨置郡县以安置沦陷区的百姓。据旧、新《唐书·地理志》及《太平寰宇记》等考之，当时像静边州都督府及诺州、祐州、德归、廓川、归定等所置侨都督府、州、县，计有上百个，分别侨居在北方边境如

▲ 唐朝版图

灵州、庆州、凉州、幽州诸州以及宁朔、朔方、回乐、温池、怀安、良乡、潞县、范阳、昌平、蓟县、安次等县境内。这种情况，直到"安史之乱"后才渐渐废除。

宋元之际，疆土分裂，多方对峙，侨置现象也出现过。据元代姚燧所撰《邓州长官赵公神道碑》碑文所载："乙未（宋端平二年，1235年），蒙古徙邓（治今河南邓州市）、均（治今湖北丹江口市西北）、唐（治今河南唐河）三州民至洛阳西，以邓州治长水县（治今河南洛宁西），均州治永宁县（治今河南洛宁），唐州治福昌县（治今河南宜阳西）；明年（宋端平三年，1236年），襄樊（治今湖北襄樊市）亦徙洛阳。癸丑（宋宝祐元年，1253年），又尽还徙邓、均、唐、襄樊诸州民实南；而宋已于襄樊、均设重兵，民还者无所归，乃于邓州（治今河南邓州市）北侨治襄樊，州西侨治均州。"这些州县的侨置，与东晋、南朝时期侨置州县的情形大致相同。

知识链接

地名中的对仗（二）

16. 玉林——珠海
17. 温州——凉山
18. 日照——云浮
19. 蚌埠——巢湖
20. 松原——林枝

21. 江阴——河源
22. 玉溪——丽水
23. 文山——武岗
24. 金坛——铁岭
25. 宝鸡——珠洲
26. 龙岩——凤城
27. 张家港——周口店
28. 六盘水——七河台
29. 嘉峪关——防城港
30. 驻马店——双鸭山

第三节　历史性命名的地名

中华民族有着不忘历史、记录历史的优良传统，并创造了许多记录历史的形式与办法。其中，将历史性事件植入政区地名之中就是其中较为特别的一种。

■ 记录历史事件的地名

中国古代的一些地名，既记录了几千年的经济社会发展历程，也记录了朝代更迭和演变，同时还反映了一定的历史事件。

把历史故事植入政区地名的情况历代都有，如陕西之称，源于西周，始于诸侯割据之初。据史书记载，自鲁隐公五年（前718年）起，"自陕而东者，周公主之；自陕而西者，召公主之"，就是说周公和召公的势力范围，辖地以陕原为界，陕之西为召公所辖，陕之东为周公所据。陕西之称延续三千多年，忠实准确、直白简明地记录了分陕原而治的这段历史。

河南有两个地方，分别记录了周武王伐纣时的两个有名的历史事件。一是孟津事件。孟津，夏属孟涂氏封国，商前期为京畿内地。商朝末年，殷纣王多施暴政，很不得民心，周武王兴兵讨伐。周武王在伐纣的过程中，很注意团结、联合各路诸侯，曾于在此处的渡口与八百诸侯会盟，商讨灭纣之事。后人为纪念这次具有历史意义的重要会盟，称会盟渡口为盟津，后演变为孟津。孟津境内今尚有会盟镇。二是偃师事件。偃师，商汤在今县城西南建都，史称西亳。周武王伐纣灭商后，在凯旋回师途中，于西亳县城东筑城息偃戎师，遂名之为偃师。周末设偃师、缑氏（今为乡）两县。这个地名传达了周武王希望天下太平、不再征战的重要思想。

南京的秦淮河名扬天下，其名称来源更为有趣。据史书记载，当年秦始皇南巡至金陵，随从的望气者（即风水先生）向其报告说"金陵有天子气"。秦始皇害怕有人对其地位有威胁，便令士兵开凿方山，"疏淮水为渎"，导龙藏浦北入长江以破之，以断地脉王气，改金陵为秣陵。到唐代，官府根据这一传说，改称秦淮。

据《元和郡县志》记载，西汉元鼎六年（前111年），汉武帝征战平定河西之后，十分高兴，"张国臂掖"。为进一步巩固、辖治河西，"分武威、酒泉置张掖、敦煌郡"，以通西域，张掖之称由此而名。武帝还认为敦煌地处河西走廊的最西端，是进入广阔西域的大门，因此"以其广开西域，故以盛名"。

酒泉之名也与此有关。据说骠骑将军霍去病在征战河西获胜后，汉武帝赐酒两坛，霍去病将酒倒入泉中与将士共饮，故称此泉为酒泉，此地因此就以酒泉为名。

明朝建文二年（1400年），燕王朱棣率兵南下"靖难"，"圣驾尝由此济渡沧州，因赐名曰天津"，寓"天子津渡"之意，天津之名由此而得。

用地名记录经典历史事件是中国地名产生的一大特点，既说明先人尊重历史的一面，也显示了人们对历史文化传统的理性认知。

■ 记录历史会盟事件的地名

为解决矛盾、清除误会、减少对抗和平息战争,结盟或会盟活动必不可少。许多结盟或会盟之所也被以地名的形式保留下来,成为历史的见证者。前文所说的孟津,就来源自一次影响深远的会盟,孟县、孟州之称也源于盟津。

早在远古时期,就有了诸侯间聚会结盟的传统。在尧舜禹时期,为了争夺生存地盘,诸侯间产生矛盾是避免不了的。黄帝与炎帝、黄帝与蚩尤、尧舜与丹朱等,都曾发生过矛盾,甚至爆发战争。浙江上虞为虞舜曾避丹朱之地,晋《太康地记》曰:"舜避丹朱于此,故名县。"上虞之名始于此,后成为虞舜后代的封地。大禹曾组织过两次大规模的会盟活动。一次是大禹至越时,上茅山大会诸侯,"爵有德,封有功","更名茅山曰会稽",后人又将"天下诸侯到达驻留议事之所"定名为诸暨(今诸暨市)。还有一次,大禹还在涂山(今蚌埠市禹会区)会盟过万国诸侯,规模之大,可谓空前绝后。会盟圆满结束以后,他还在上虞(今上虞市)举办盛大音乐会,以示庆祝。

与少数民族之部落会盟的传统,在历史上也发挥了非常重要的作用。云南嵩明,又名崧盟,因古代各部族曾会盟于此而得名。西汉元封二年(公元前109年),设置牧靡县,管辖今嵩明、寻甸两地,隶属益州郡。三国时期,蜀相

诸葛亮为稳定局势，扩大疆域，曾于秀崧山麓，与当地少数民族部落酋长会盟，并将会盟之地称为嵩盟，以资纪念，后演变为现在的嵩明县。

宋朝时，曾有过一次宋、金议和之事。据《方舆胜览》记载："金人请和，朝廷从之，改岷曰西和，以郡为政和故也；又淮西（应为淮南）亦有和州，故加'西'字以别之。"就是说，南宋绍兴年间，为铭记宋金议和，改岷州为和州；因为淮南那里也有一个和州，所以加上一个"西"字以示区别，这就是今天甘肃西和县的来历。

元朝时，大军南下征讨平乱，到四川凉山一处要冲之地，请"诸酋长听会"，史称"川原并会，政事颂理"，便将"听会之所"命名为会理县。

历史上少数民族部落之间摩擦频繁，所以会盟协商之事也很普遍。清朝初期，蒙古地区的四子部、茂名安部、喀尔喀部右翼以及乌拉特部前、中、后三旗，曾在"红色谷口"（蒙古语"乌兰察布"）会盟，故称此地为乌兰察布盟——蒙古地区行政区划中的"盟"便是这样得来的。

■ 源自古国之名的地名

"国"之称谓在我国由来已久，远古时期即已出现。广义上的古国大致可分为四种类型：

一是远古诸侯国。这类古国一开始数量极为庞大，后经不断兼并逐步减少。从黄帝到大禹在时期大约有上万个。此后，诸侯国的数量逐步减少，到商朝时有3000多个，西周武王时有1800多个，东周初期仍有1200多个。到了春秋时期，大小诸侯国只有140多个。而到了战国时期，就仅剩下30多个了，其中较为强大的有齐、楚、燕、韩、赵、魏、秦等。

二是以秦始皇统一中国为标志而形成的大一统中国，包括汉、隋、唐、宋、元、明、清等。

三是封建王朝分封的侯国与郡国。如西汉有241个侯国，三国魏、蜀、吴共有156个郡国。

四是周边方国，包括附属国与纳贡国。如夏、商时就有方国40多个，包括有穷、涂山、九夷、西羌等。这些方国中，较重要的有费国、滑国、甘国、邳国、蒍国、莘国、程国等。

据统计，目前我国有50多个县级以上的政区地名源自古国名。其中，以春秋战国时古国得名的行政区分布较为广泛，各地都有。记录我国春秋战国历史的政区地名遍布全国、特点突出，用词简洁明快，准确易记。具体来说，大致可分为三种情况：

一是直接由古国名演变而得名，如现在陕西的简称为"秦"，山西的简称为"晋"，山东的简称为"鲁"；湖北的鄂州市、荆州市、黄冈市、随州市、巴东县等，四川的彭州市、南充市等，河北的赵县、晋州市、邢台市、柏乡县、唐县等，山西的黎城县、代县等，都是直接从古国名演化郡县名的。

二是由受封者的封号而得名，如河北安平县因战国时赵国公子成安平君的封号而得名，上海的简称"申"因战国时楚国黄歇春申君的封号而得名，河北武安县因赵国名将李牧、秦国名将白起先后受封的武安君的封号而得名。

三是由受封者的姓氏而得名，如河北省邢台市的任县是由春秋时晋平公封郑羽为任大夫而得名的，山西省阳泉市的盂县是由春秋时为晋大夫盂丙封邑而得名的，山西省晋中市的祁县是由春秋时为晋国大夫祁奚封地而得名的，河北省石家庄市的元氏县是由战国时赵国公子元的封邑而得名的，河北省邯郸市的肥乡县是由战国时赵国相国肥义封邑而得名的。

另外，还有一些政区地名是由历代皇帝所封的侯国之名而得名的，如河北武强县之名得自汉高祖封严不识为武强侯于此，河北容城县之名源自汉景帝封匈奴降王徐卢为容城王于此，河北景县之名来自汉宣帝封河间献王之子刘雍为景成侯于此，河北清苑县之名来自三国曹操封刘若为清苑侯于此。

古代国名除个别诸侯国名为两个字外，几乎都是一个字，许多都是直接以姓氏为国名。由此可见，古时中国的国名、地名、姓名之间存在着相当紧密的联系。

 知识链接

地名中的对仗（三）

31. 文市——武乡
32. 新野——古田
33. 南汇——北流
34. 城固——乡宁
35. 秀山——丽江
36. 红河——蓝田
37. 赤水——青浦
38. 熊岳——鹰潭
39. 铁岭——银川
40. 浑河——清江

41. 海城——湖川

42. 千山——万县

43. 清原——浑江

44. 上海——下关

45. 十堰——九江

46. 六盘山——一面坡

47. 羊肠河——马鞍山

第四节 人文性命名的地名

地名既然是一种文化，自然就具备一定的人文特质。综合看来，我国古代许多地名都具有这种人文性。

■ 以德治国话地名

无论是做人，还是治国，都要讲求一个"德"字，这是我国自古以来就倡导的高尚品质。古代统治者往往会把这种道德精神和理念植入政区地名之中，以示铭记不忘和身体力行。

德能昌行，事业兴旺，社会繁荣，利国利民。福建的德化县是南唐时设置的，取"圣人之德化"思想，寓"德化万民"之意命名，就是用道德教化广大民众。江西德安县设置于五代吴顺义七年（927年），取"德所绥安"之意命名，希望以"仁德"赢得社会安宁。

我国有两座城市自古以来就闻名于世，一个是德州，一个是德阳。德州在山东，因地处德水之畔而得名，这里的德水是古黄河的别称。古代方士以金、木、水、火、土五行相生相克的道理来附会王朝的命运，是谓"五德"。"五德"之说，源五行理论，春秋时代的邹衍将天下分为五方，用金、木、水、火、土五行相克的原理揭示历史朝代更迭的规律，开了将五行纳入政治领域之先河。

▲ 邹衍像

按邹子的理论，虞舜为土德，夏为木德，商为金德，周为火德，秦为水德。五德相克，改朝换代。后世历代帝王更替，皆沿用"五德"之说。秦始皇自以为得水德，自称"皇帝"，以十月（亥月，亥属水）朔为岁首，登帝第一年，即秦始皇二十六年（公元前221年），"更名（黄）河曰德水，以为水德之始"。在这里，水德代表吉运，就是摧枯拉朽的黄河，就是皇帝手中的法律，帝王可以为所欲为。德阳在四川，以在德水之阳而得名。但此德水非指黄河，而是指蜀中德水。据《华阳国志》载："（德阳）有剑阁道三十里，至险，县名盖取在德不在险之意。"这个"德"非五行之"水德"，而是"仁德"之"德"。虽然此地处于剑阁道，以险要著称，但县名却突出"德"字，谓以"仁德"名天下。

以德治国硕果屡见史册，也有不少地名把其优秀成果如实记录下来。江西德兴市，先秦以前属扬州管辖。此处原有一个巨大的场（矿山），盛产银和铜，为朝廷独占。到唐总章二年（669年），朝廷派邓远到此监管开采银矿。为了提高效率，增加收入，邓远制定了一个有别于以往的新政策："令百姓任便采取，官司什二税之。"即矿山完全解禁，任何人都可以随便开采，所得收入八分归自己，二分上交朝廷。这一政策实行之后，极大地调动了各方面的积极性，矿业日益繁荣，朝廷与百姓各获其利，于是"其场即以邓公为名"，即邓公场。南唐升元二年（938年）改邓公场置德兴县，取"山川之宝，惟德乃兴"之意而定名，也有以彰邓公其德之意。

浙江德清县设立于唐朝天宝元年（742年），此地名把当地的名人孔愉的美德与溪水余不溪的清澈巧妙联系起来，取"德行如水之清"之意。据《湖州府志》载："县因溪而尚其清，溪亦因人而增其美。晋车骑将军山阴孔敬康愉，人之瑞也。幼以孝闻，长以信著，晚以节称。温峤语之曰：'能持古人之节，岁寒不凋，唯君一人。'考其言行，订其初终，清正莫如焉。"又据史载："邑东有余不溪，其水清澈，余则不，故曰余不。"可见，余不溪溪水清澈无比。人之德与溪之清，二者相得益彰。

■ 历史名人与地名

有很多地名往往与历史名人相联系，并因名人而声名远播。一般来说，凡与名人相牵的地名，背后都少不了一些传奇佳话。

有些地名与名人的功业或其葬地直接相关，目的是凸显对名人的纪念与敬仰之情。如陕西的黄陵县，湖南的炎陵县、零陵区，河北的灵丘县，分别是以黄帝陵、炎帝陵、舜帝陵、赵武灵王墓而得名的；河北高阳县，远古时曾为黄帝之孙颛顼（号高阳氏）的封地；河北唐县，是因"古唐侯国，尧初封于此"而得名的；山西夏县，曾是夏禹始封之地，也是其建都之所。北京的八王坟、公主坟皆属此列。

有些地名是因名人的传说故事而得名。如山西稷山县，因后稷曾于此教民种庄稼而得名；重庆奉节县，三国时，"蜀先主终，诸葛亮受遗诏于此……托孤寄命，临大节而不可夺，故云奉节也"；湖北公安县的来历别有趣味，东汉末左将军刘备镇守此地，因当时人称刘备为左公，故取"左公安营扎寨"之意命名为公安。

有些地名与古代文化名人直接挂钩,并因此而声名远扬。如现在的眉山市东坡区,古称眉州,是北宋大文豪苏轼(字东坡)的故乡。出于对其文学成就和人格的敬仰与纪念,于2000年12月20日改建为东坡区。又如广西柳州,因境内有柳江而得名。但柳州古今名气这么大,却与柳宗元有关。柳宗元,字子厚,亦官亦文,"唐宋八大家"之一,与韩愈倡导古文运动,并称"韩柳"。因其曾担任过柳州刺史,世称"柳柳州","柳州名垂于他郡,以子厚故也"。苏东坡还曾被贬谪到海南儋州,在这里倡导学风,传播中原文化,人们为纪念他而兴建的古迹保存至今,以东坡书院、桄榔庵、东坡井等最为闻名。

凡是为官一方,为老百姓办过好事、做过实事的,即使他离任或被贬官了,老百姓也不会忘记他,不仅地方的志书上要为他留墨,而且有些地方还以命名新地名的办法将其铭刻在心,以示永远怀念。三国时蜀国的丞相诸葛亮的事迹可谓家喻户晓,在今云南、贵州及四川有大量纪念诸葛亮功德的文化遗存,如成都的武侯祠与武侯区。前文说的嵩明也与诸葛亮有关。江苏省泰州市是一座历史文化名城,有2100多年的历史,秦称海阳,汉称海陵,南唐时(公元937年)为州治,取"国泰民安"之意,始名出。北宋时泰州一带常闹洪灾,当地商人姜仁惠、姜锷父子在此率民众筑堰抗洪,颇得人心,后人将其所修筑的大堤命名姜堰,今姜堰市姜堰区之名即始于此。

历史上来自岭南的朝廷命官同样对岭南发展做出了不可磨灭的贡献,人们也以建筑物地名来纪念他们。如唐朝官至丞相的"岭南第一人"张九龄领导开凿了梅关道,后人为纪念他而设了"风度路",为纪念北宋著名政治家余靖而建的"风采楼"。此外还有海南的海瑞墓,广州的秉正街(纪念张戌父子)、崔府街(纪念南宋丞相崔与之)、李家巷（纪念南宋清官李昴英）、仰忠街（纪念明代名宦周新）、湛家大街（纪念明代教育家湛若水）、五眼桥（纪念明代户部尚书李待问）等。古时的岭南被认为是荒蛮之地，获罪的大臣多被贬"过岭""越海"，即过五岭、越琼州海峡，他们为当地经济文化的发展做出了许多贡献，当地居民为纪念他们也以他们的事迹或名字命地名。唐代韩愈被贬潮州，大兴乡学正乡音，放免奴婢，兴修水利驱鳄鱼，于是有意溪、韩江、韩山、昌黎路等地名，有"潮州山水皆姓韩"之说。

还有些地名深刻反映了历史名人对国（古代多指帝王）忠心尽力的事迹。重庆忠县，原名临州。唐贞观八年（634年），为褒扬历史上巴蔓子刎首留城、严颜宁死不屈的事迹，更名为忠州，寓"意怀忠信"之意。这里面有两个真实感人的历史故事。蔓子的故事发生于西周时期，当时巴国有乱，国王派将军蔓子出使楚国求援，答应平乱后送给楚国三座城。楚王帮助巴国平乱之后，即派使者赴巴国索城，蔓子对使者说："凭借楚国灵威，祸乱已消，当时诚心答应将城给楚国，现用我的头表示感谢，城是否就不用给了？"于是拔剑自刎，以头授楚使。楚王看后感叹地说："使吾得臣若巴蔓子，用城为何？"当即决定以上卿之礼葬蔓子之头，巴国也以上卿之礼葬其身躯。严颜的故事发生在东汉末年，刘璋派大将严颜镇守巴郡，被张飞击败擒获。张飞呵斥严颜："我领大军都到了城下，你为什么还不赶快投降，竟然敢与我抗拒？"严颜说："你们无礼侵夺我州，我州有的是不怕死的断头将军，没有投降将军。"张飞大怒，令左右将严颜押出去砍头。严颜面不改色心不跳，大声说："你要头便砍头，何必发怒？"张飞颇受感动，立即放了严颜，并以宾客之礼相待。这两个故事令忠州之名内涵丰富而深刻。

■ 百家姓氏冠地名

中国许多地名是以姓氏命名的，据不完全统计，目前以姓氏命名的地名多达千计。

就拿北京市来说，以姓氏冠名的地名中就有200多个。只要不是特别生僻的姓氏，在北京几乎都能找到相应的地名。

北京地区的姓氏地名历史悠久，许多地名都有数百年甚至上千年的历史。特别是明朝初期，各地大量的移民来到北京，使居民数量急剧增加，出现了许多新的街巷、村落，于是一些新的地名相继诞生。相当数量的姓氏地名是以某一姓氏的人家居多而得名，也有的是以最初在此定居人的姓氏命名。有时候一个姓氏会有多个地名，字同音也同，即同一姓氏有数十个近似的地名，多是张、王、李、赵、刘、杨等大姓，如以"张"姓命名的就有大兴的张家务、昌平的张各庄、平谷的张家台、房山的张坊、丰台的张家坟、密云的张庄子、顺义的张中坞、延庆的张山营、通州的张家湾等。此外，这些以姓氏命名的地名的由来还有

▲ 张家湾古桥

以下两个特点：

一是城区的地名多被称为"×家胡同"，如方家胡同、夏家胡同、史家胡同等；"×家巷"，如周家巷；"×家街"，如祖家街等。而郊区的地名多被称为"×村"或"×家村"，如李村、魏家村；"×庄"或"家庄"，如潘庄、史家庄；"×营"或"家营"，如霍营、屠家营等。

二是以姓氏结合某一景物命名，城区多以桥（×家桥）或大院（×家大院）命名，如李姓人家定居在石桥旁，便将地名命名为"李家桥"，而刘姓人家居住的大院，便被称为"刘家大院"；郊区的多以某一姓氏的墓地或邻近的山、水为地名，如谭家坟、蒋家山、孙河等。

南京与姓氏有关的地名也很多，如六合区的赵家庄、冯家沟，浦口区的孙家窎，秦淮区的李府巷、王府巷、陈家牌坊，栖霞区的周家山、诸庄、蒋公庙，浦口区的吴家巷，建邺区的郑家庄、沈家庄、韩家苑，玄武区的卫岗，白下区的杨公井等。

重庆市对姓氏地名的应用最为复杂有趣，各种地形或建筑姓氏无所不包，如汪山、李家沱、董家溪、杨家坪、马家堡、肖家湾、陈家坝、刘家台、王家坡等。有的地名并无姓氏，但地名的背后，是有鼻子有眼的重庆籍名人。比如七星岗的天官府，本是明朝吏部尚书蹇义的府第，为明宣宗所赐。自古以来，重庆人在朝廷做大官的不少，但由皇帝赏赐府第者唯此一人。蹇义的官做得大，后来重庆城中蹇氏留下的痕迹足印不少，太师坊、莲花池、天官府、天官府街、天官街、蹇家巷、蹇家桥都是因之而起，故有"蹇半城"之称。天官府是府第名也是街名，就坐落在通远门与南纪门之间的斜坡顶上。

也有些姓氏地名与《百家姓》中的姓氏同音，但其由来与姓氏并没有必然的联系，如北京密云县的"冯家峪"，并没有姓"冯"的。

传说当年穆桂英与辽兵大战与此，辽兵败退后，她坐在村边缝补被刺破的盔甲。后人为纪念穆桂英，便把她缝盔甲的地方叫成"缝甲峪"，时间一长就叫成了"冯家峪"。

此外，以古代的一些设施、园林、场所命名的地名，其由来与姓氏也没有直接联系。如北京有不少叫"黄庄"的地名，也不是因为这里都是姓"黄"的，只是原来这些地方为皇家所有的田庄，渐渐地被谐音成了"黄庄"。

 知识链接

趣味地名

1. 带"西"字的地名：山西、广西、陕西、江西、西藏、西安、西宁、西昌、西宁、西安、西康、西川、西双版纳、西塘

2. 带"南"字的地名：湖南、海南、云南、河南、济南、南京、南昌、渭南、南阳

3. 带"潭"字的地名：鹰潭、湄潭、湘潭

4. 带"庆"字的地名：重庆、肇庆、安庆、迪庆、德庆、延庆、凤庆、庆安、庆文、庆云

5. 带"乡"字的地名：新乡、萍乡、湘乡、桐乡

6. 带"安"字的地名：安徽、安顺、安阳、安康、安德、西安、延安、泰安、临安、吉安、六安、广安、淮安

7. 带"广"字的地名：广东、广西、广安、广元、广汉

8. 带"海"字的地名：上海、青海、珠海、北海、威海、凌海

9. 带"城"字的地名：运城、宣城、麻城、晋城、聊城、韩城

10. 带"宁"字的地名：辽宁、南宁、西宁、南宁、咸宁、济宁、安宁、万宁

11.带"山"字的地名：唐山、华山、舟山、沅山、佛山、中山、凉山、乐山、黄山、保山、平顶山

12.带"江"字的地名：湛江、阳江、怒江、内江、洪江、九江、红江、丽江、吴江、镇江、牡丹江

13.带"阳"字的地名：贵阳、沈阳、辽阳、朝阳、咸阳、庆阳、平阳、洛阳、安阳、信阳、南阳、益阳、耒阳、衡阳、浏阳、阜阳、绵阳、德阳、资阳、揭阳、岳阳

14.带"州"字的地名：贵州、杭州、广州、忻州、朔州、泉州、漳州、湖州、衡州、宿州、赣州、惠州、潮州、泸州、达州、梧州、钦州、锦州、德州、荆州、泰州

第五节　自然性命名的地名

中国地大物博,资源丰富。从古至今,自然资源的开发和利用对国家以及每个地方的兴起、发展和繁荣都发挥了至关重要的作用。因而,我国有很多地方就把本地的特色资源拿来作为自己的地名使用了。

■ 自然资源入名来

据统计,在我国县级以上政区中,有200个是因当地的自然资源而得名的。

自古以来,人们就一直非常珍惜身边各类金属矿山资源,感恩资源给生产生活带来的各种福利,常常以虔诚回报之心,选择当地矿藏为地名,以示世代相传永不忘。在如今县级政区中,以"金"字冠名的有近40个,如金华市、金昌市、金山区、金川县等。以"铁"字和"铜"字冠名的各有10多个,如铁岭市、铁山区、铜川市、铜陵市、铜仁市等。还有一些是以"银""铅""锡"冠名的,如银川市、白银市、铅山县、锡山区等。这些都反映出人们对各类金属资源的重视和珍惜。

盐作为一种生活必需调料品和生产资料,在人类生活和生产中是不可或缺的,特别是在中国古代社会,食盐占的位置极为重要,像人需要的粮食和水一样,不可替代。因此,古代社会盐业是官营的,私人不可染指，当时很多地方以盐矿、盐井、盐田、盐坞得名，遍布大河上下、大江南北。现如今仍有20多个县以上行政区名称中有盐字，如盐城市、盐山县、盐池县、海盐县、盐湖区等。

广义上来说，自然资源也包括地理资源。自古以来，人们都十分重视交通运输的发展。由于交通设施的制约和地理条件的限制，大家吃够了交通不便的苦头，因而人人都希望改善交通条件，选择交通相对便利的地方建城市、设市场、修渡口。如果一个地方刚好处在四通八达的地理位置上，那对当地老百姓来说真是"如天之福"了，往来客商拉动了当地商品交流，游学士子带来了各种信息和文化知识，城邑因此而繁荣，居民因此而受益。因此，人们的共识便逐渐形成，常以这些优越的地理位置来给自己的地方命名。在当前全国县级以上政区中，有80多个以此得名。

古时因"四通八达"的地理位置而得名的地方，若不是非常事故而发生变迁（包括不可抗拒的自然灾害），一般都会长期保留和使用这些名称，不少至今仍是很著名的城市，如以"东北通辽海诸夷，西南通粤楚蜀，内运通齐燕冀"得名的江苏南通，以"万州居四达之路"得名的四川达州，以"漕运通济"得名的北京通州等。这些地名突出地显示着自身的便利交通和重要位置，承载着当地人由此而得到的各种实惠，流露着他们心中的优越感和自豪感。

有很多地名以突出单向通达目的地为标志，给人一种直接、明确的表达和指向，如以地处汴京直通许国故地的交通要道而命名的通许，以通达辽东而得名的通辽，以温谷水向南注入渭水而得名的通渭等。这些地名既表明地区的优势，又直接告诉人们从这里到某地最便捷，既像路标，又像坐标，具有实用性、导向性、广泛性。

▲ 南京浦口区

古时候专门设立的交通管理机构并不多，以交通管理机构命名的地方更是少见，但山西运城却是一个例外。运城古时有一个很大的盐湖（池），"东西长五十一里，南北广六里"，本来这里以盐业发达著称，曾称盐城、盐县，到元朝时在此处设立专管运盐业务的"盐运使司"，于是改称运城。这既反映了当时盐业的兴旺繁荣，也反映了外运食盐数量之巨大，队伍之庞大，不仅给政府带来了财税，也给当地老百姓带来了实惠，运城的名气由此也越来越大。

有很多交通要道的地名，是以津、港、浦、渡口为名的，如天津、香港、黄浦、浦口、河津、官渡等。这也说明，古时候水陆都有诸多交通要道，而且水路交通要道比陆路交通要道更著名。

以交通要道的名字作为地名，非常符合确定地名的基本要件和基本规律，突出了这一地区自身的优势、重点、特点，彰显了地名的自然与地理的标签作用，足以给人们留下十分难忘的印象。

自然资源与人的生存紧紧联结在一起，与人类社会和生产活动紧紧联结在一起，人类崇拜自然、敬畏自然、利用自然、保护自然，通过以自然资源命名政区名称的方式来铭记自然的恩惠。

■ 植物与中国古代地名

自古以来，我国就有以植物命名政区地名的传统，如今县级以上行政区地名中仍有 134 个是以植物命名的，占全国政区地名将近 4%。人类对植物资源普遍有一种感恩和欣赏的心态，人要靠植物生存，它既可以给人们提供生活资源，也可以提供生产资料；另外，人们也非常喜欢观赏各类奇花异草、珍奇草木，这大概是许多地方喜欢以当地特色植物命名的重要原因。在我们这么一个地大物博的国度里，自然界的植物千姿百态，因而以植物命名的地名俯拾皆是，其中有些物产带上了地名，而有些地名也携带着物产。

目前，在县以上行政区的名称中，冠以林字的有几十个，仅以松为名的就有十几个，如松江区、松阳县、松原市、松滋市、松溪市等。以桂、竹、桐、枣、桦、梅、株、柳、榆、梨等冠名的也不少，如桂林市、绵竹市、桐乡市、桐城市、枣庄市、枣阳市、桦川县、梅州市、桃江县、株洲市、榆林市、梨树县等。由此足以看出人们重视植物的程度，也足以说明植物在人类社会发展中的重大作用。甘肃省有个瓜州县，其名始于春秋时期。此地远古时就盛产美瓜，据史书记载：其地出美瓜，故曰瓜州。今（唐代）犹有大瓜者，狐入其中食之，不见首尾。瓜州在河西走廊的西段，离敦煌不远，靠近新疆哈密，因独特的气候和土壤条件，很适宜种植蜜瓜，瓜熟之后香飘数里，不仅跋涉在丝绸之路上的中外商旅流连忘返，连狐狸、野獾也常常隐藏在瓜田之中。

因瓜又长又大，狐狸可以将整个身子都钻入瓜中。瓜州之称名副其实，充溢着人们对此地的赞赏。

梅花是中国十大名花之一，其花有红、白之分，果也有白梅、青梅、杏梅、黄梅之别，味均酸甜。梅花多以观赏为主，古人则多采梅果用作调料。南朝齐时，朝廷在今湖北东部设置了一个永兴县。因县境有一座盛产梅子的黄梅山，所以隋开皇十八年（598年）索性将它改名为"黄梅县"了。至今，该县江心古寺中还有一株古老的晋梅，系东晋一高僧所植，距今已有1600多年的历史了。明清时期，这个县的劳动人民在采茶调的基础上，开创了一种地方戏剧，道光年间（1821—1850年）传入邻近的安徽安庆地区，日后逐渐扩及安徽全省和江西等地。由于这种戏目来自湖北黄梅县，人们便将它唤作"黄梅戏"。今天广东与江西交界处的山岭，历代为南、北交通要隘，秦汉以来叫"大庾岭"，为"五岭"之一。唐代张九龄开大庾岭路，路旁广植梅树，宋代又倡导满山植梅，于是便产生了"梅岭"一名。北宋开宝四年（971年）改敬州为梅州（今广东梅州市），嘉祐八年（1063年）又在岭上建筑了梅关。

桃树在我国不仅历史悠久，而且分布很广。在今陕西潼关、河南灵宝一带，商周时代生长着大片的桃树，因而古时候称此地为"桃林"。由于此处是控扼关东、关西来往的交通要道，所以也叫"桃林塞"。隋朝时将此置为桃林县，唐天宝元年（742年）改名为"灵宝县"。东晋南朝时期的文学家陶渊明，曾隐居庐山脚下，写下了流传千古的《桃花源记》。文中描述的"桃源仙境"的原型到底在哪里呢？有人说在桃林塞，有的说就在庐山脚下；而更有的说在洞庭湖以南的沅江流域，因而早在宋代就新置了一个县，这便是今天的湖南桃源县。唐代诗人杜牧《清明》诗云："清明时节雨纷纷，路上行人欲断魂。借问酒家何处有？牧童遥指杏花村。"关于诗中"杏花村"的位置究竟在哪里，文人墨客打了1000多年的笔墨官司，大致意见可归纳为两种：一种认为在今山西汾阳县，那里的杏花村至今仍生产著名的汾酒；另一种认为在今安徽贵池县西，那里一向也以产酒而著名。不过，这首诗做于唐文宗开成五年（840年），其时杜牧正在池州（治今贵池县）刺史任上，所以杏花村在今贵池县西的说法较为合理。

"荔湾渔唱"旧为羊城八景之一，荔湾今为广州市区之一。在珠江中，原有一沙洲，南朝宋时因产荔枝，冬夏不凋，遂命名为"荔枝洲"。唐时渐与陆地靠拢，称"荔枝湾"，简称"荔湾"。

湖南长沙市西的湘江中，有一片沙洲，系由江水带来的泥沙经水力运动冲刷而成，西晋永兴年间（304—306年）始见记载。南朝时，因沙洲上盛产橘子而得名橘子洲。毛泽东《沁园春·长沙》中"独立寒秋，湘江北去，橘子洲头"的名句，则使橘子洲名扬天下。

广西桂林则与桂花有着不解之缘。秦始皇统一六国之前，曾开灵渠而越过五岭攻取陆梁地，置为桂林、南海、象郡三郡。桂林郡治所在今广西桂平县西南，因当地桂木丛生、桂树成林、桂花芬芳而得名，所以唐代诗人曹邺还有"桂林须产千株桂，未解当天影日开"（《寄阳朔友人》）的诗句。至今，广西仍盛产桂树。南朝梁天监六年（507年）新置桂州，仍以桂树为名，并在大同六年（540年）迁治所于今广西桂林市。尽管桂州日后曾改名为始安郡、建陵君、静江府、静江路等，治所均在今桂林市不变。明初改置"桂林府"，作为广西省会前后长达250年。直到新中国成立初期，省会才迁往南宁，但"桂"字仍成了广西的简称。不独广西盛产桂树，在广东珠江口西侧，北宋时有个

▲ 成都芙蓉花

香山盐场，南宋绍兴二十二年（1152年）划出附近几个县的海中洲岛建立了香山县。因境内五桂山地处热带地区，桂花常开、花草芳香，故名"香山"。1925年，为纪念伟大的孙中山先生而将它改名为"中山县"，1983年撤县建市。

四川成都，原名罗城，后以"一年成邑、二年成都"而得名。五代时，前蜀、后蜀均定都于此。后蜀国王孟昶在扩建罗城时命令在城墙上遍植芙蓉，九月芙蓉花开，繁花似锦，盛开的花朵把整个城市装扮成一个美丽的大花环，从此成都有了"蓉城"的美称。

在河西走廊的东端，今甘肃武威市东南，西汉时曾设立过一个"苍松县"，系因县南山上松林参天、森林茂密苍劲得名。尽管后来曾改名为"仓松县""昌松县"，作为一个县继续存在着；但唐朝中期废掉这个县后，再也没有恢复。

江西古称"豫章"。豫章本义是指高大的樟树。西汉置豫章郡，治所设在今南昌市，辖有今江西全省境域。江西中部浙赣铁路与赣江交汇的地方，有个以樟树直接命名的樟树市，是全国有名的"药都"。五代南唐时置为清江县，1988年升格为樟树市。历史上它是赣江中下游水陆交通枢纽和物资集散中心，尤其以中药材集散地著名，明清以来享有"药不到樟树不齐，药不过樟树不灵"的美誉。

福建省省会福州，别称"榕城"。北宋治平年间（1064—1067年），福州知州张伯玉通令州城之内家家户户种植榕树,十几年后,绿荫满城。从此,福州州民广植榕树成了社会风气,福州也被叫作"榕城"了。现在,福州大街小巷还有不少根须垂挂的古老大榕树,点缀市区,形成了独特的景致。

福建南部的海港城市泉州,宋元时代曾为我国第一大外贸港口,五代闽国在扩建子城时环城遍种刺桐树,所以泉州别名"刺桐城"。

香港的葵青区,以境内城门河两岸葵类植物丛生而得名。荃湾区,以境内海湾周围长有荃草得名。

台湾新竹、花莲,表面看是以植物命名,其实与植物名称没有关系,只有桃园县,是因境内"移民遍植桃花,缤纷馥郁,遂以桃仔园为名"。

地名中的这些植物最大的特性是适应能力很强,对自然条件要求比较低,与广大民众的日常生活密切相关,因而遍布祖国各地,不论是长江南北、大河上下,还是热闹城市、偏远边疆,概莫能外。

中华民族是一个感恩大自然、热爱绿色家园的民族,以植物命名地名,无异于为植物树碑立传。

■ 动物与中国古代地名

人与动物有着密切的关系,爱护动物、饲养动物是人类的一个好习惯、好传统。因而,动物资源也是一些地名的重要来源。现在,我国有30多个县区以龙为名,如龙江县、龙泉市、龙岩市、龙口市、龙山县等;有10多个县区以凤为名,如凤山县、凤阳县、凤庆县、凤台县、凤冈县等;还有不少以鸡、鹿等动物为名的,如鸡西市、宝鸡市、鹿泉市、鹿寨县、鹿邑县等。其他如以牛、马命名的地方也不少,但有些是与前文说的姓氏有关。

在诸多的动物地名中，"凤"似乎格外受人青睐。据1992年国家出版的《行政区划简册》披露，全国共有12个含"凤"字的县名、24个含"凤"字的城市名。其实，全国不止24个凤城，因为还有一些别称"凤城"的城市未在《简册》中标注。如广东省就有3座属于别称"凤城"的城市：清远城、顺德城、潮州城；省城中也有别称"凤城"的，如陕西省城西安市。此外，至于"凤山""凤岗"之类的地理景观名称，神州各地，随处可见。

如福建省建瓯县东有座凤凰山，《福建通志》载其"山形如翔凤"，因以为名。辽宁省朝阳县东20里也有一个凤凰山，《朝阳县志》载："凤凰山，群山连亘，周九十余里，山椒一塔耸峙，诸峰抱之，如翠凤昂首张翼状，故名。"

古人认为凤最圣洁，"圣出则见"，把它视作圣贤降世的吉兆；又认为凤最美艳高贵，专给人间带来祥瑞，因视其为消灾赐福的吉祥神灵。故大凡有凤地名的地方，一般都流传着美丽动人的传说。陕西凤翔县城东南的东湖，周朝时叫"饮凤池"。据当地县志记载，昔时周文王在世时，每有瑞鸟凤凰在此饮水，因名；后人还为此留下了"闻昔周道兴，翠凤栖孤岚。飞鸣饮此水，照影弄毵毵"（苏轼《东湖》）的诗句。广东增城县城东南有凤凰山，原名叫"春岗"。相传北宋熙宁七年（1074年）有凤凰集其上，久之不去，时人遂将春岗改为"凤凰山"。湖北孝感县城东的白水湖畔有凤凰台，传说在晋穆帝永和四年（348年），有凤集于东岗，产九子，故名"凤岗"；后在岗上建台，取名为"凤凰台"。湖南凤凰县，原为"古渭阳县治"，始建于唐垂拱四年（688年）。传说原先这地方山穷水恶，民不聊生。后来慈悲的神仙手植梧桐于城郊，引来了栖息不飞的凤凰鸟，化作了凤凰城西南郊的凤凰山。于是，这片原本贫瘠苦难的土地换上了山清水秀的容颜，人们过上了安乐祥和的日子，人们遂以"凤凰"作为县名。

知识链接

音同、音近的地名（一）

1. 山西省——陕西省
2. 濉溪县（淮北）——遂溪县（湛江）
3. 绥阳县（遵义）——睢阳区（商丘）
4. 桐城市（安庆）——通城县（咸宁）
5. 同江市（佳木斯）——通江县（巴中）
6. 台安县（鞍山）——泰安市（山东）
7. 威县（邢台）——魏县（邯郸）
8. 威远县（内江）——渭源县（定西）
9. 温县（焦作）——文县（陇南）
10. 台州市（浙江）——泰州市（江苏）
11. 天柱县（黔东南）——天祝县（武威）
12. 铜山县（徐州）——通山县（咸宁）
13. 微山县（济宁）——巍山县（大理）
14. 武冈市（邵阳）——舞钢市（平顶山）
15. 五原县（巴彦淖尔）——婺源县（上饶）
16. 西峰区（庆阳）——西丰县（铁岭）
17. 西和县（陇南）——细河区（阜新）
18. 巫山县（重庆）——武山县（天水）
19. 无锡市（江苏）——巫溪县（重庆）
20. 武义县（金华）——武邑县（衡水）
21. 西湖区（杭州）——溪湖区（本溪）

22. 锡山区（无锡）——西山区（昆明）

23. 信丰县（赣州）——新丰县（韶关）

24. 信宜市（茂名）——新沂市（徐州）

25. 宣武区（北京）——玄武区（南京）

26. 延边州（吉林）——盐边县（攀枝花）

27. 息县（信阳）——隰县（临汾）

28. 安西县（酒泉）——安溪县（泉州）

29. 安远县（赣州）——安源区（萍乡）

30. 昌宁县（保山）——常宁市（衡阳）

第六节　改名与重名现象

因为古代政权更迭频繁,所谓"一朝天子一朝臣",地名也不能例外。其他诸如个人的喜好,行政区划的改变,自身位置重要性的扩大等,都会导致地名的改变。另外,就像人名一样,一多自然避免不了重复。

■ 为尊者讳而改变的地名

避讳制度产生于春秋时期,兴盛于汉、唐、宋、清等朝代。避讳制度之所以在封建社会颇受推崇,出发点有三个:

一是在于其忠实地维护和巩固以皇权为中心的封建宗法专制统治,维护封建宗法等级制的礼仪典章。具体表现在言论和书写时要避免君主和尊亲的名字,要"畏大人(君主)",这是公讳,任何人不得违反。

二是在于彰显孔子圣君、贤

▲ 唐太宗李世民

臣、良民组成的封建社会的所谓太平盛世，以至把孔子奉为"素王"，封为"大成至圣文宣王"和"至圣先师"，对其名必须避讳，这是"畏圣人"，也属于公讳。

三是在于倡导"亲亲"之礼，即心向着自己的亲族，这是宗法制的原则。"亲亲"首要的一条是孝悌，孔子说："弟子入则孝，出则悌"，"事父母，能竭其力。"在说话或读书作文时必须遵守家讳，不能直呼祖父母、父母之名。

在封建社会，皇权是至高无上的，如有地名与帝王及其皇族的名字相同，就必须更改。在几千年的封建社会里，屡屡出现州郡县名要为帝王及其尊宗让道、改名的现象。中国历史上不但没有以人名为地名的传统，而且地名还要给大人物的姓名让路，避之唯恐不及。据李德清编著的《中国历史地名避讳考》一书统计，记载了因避讳而更改的地名800多例。在我国目前县级以上行政区地名中，仍有50个左右是封建社会避讳制度的产物。

这种避讳在历史上非常流行，唐宋时期达到高峰。如隋炀帝杨广被立为太子后，为避帝王名讳，全国有几十个含有"广"字的地名被改掉，如成都附近的广都县和广定县，分别被更名为双流县、蒲江县，并沿用至今。河南省洛阳市的宁人坊，原名为"宁民坊"，因其讳唐太宗李世民的名字，而更改为"宁人坊"。

历史上，有很多州郡县名称中原有"义"字，但因与宋太宗赵光义之名相重，遂取《孟子》"义者宜也"之意，改"义"为"宜"。如湖南宜章县原名义章，陕西宜川县原名义川，江苏宜兴市，原名义兴，四川宜宾市原名义宾，均在北宋太平兴国（赵光义年号）年间更名。湖北省咸宁市，原名永安，北宋景德四年（1007年），为避宋太祖永安陵讳，以《周易·乾卦·象辞》"万国咸宁"与"永安"之意相近，故改名咸宁。

在坚持"尊者讳、亲者讳、贤者讳"的原则上，地名具体怎么改，最终改成什么样，归纳起来，有多种情形：

一是改用境内名山大川或特产之名。这是古代在处理避讳问题时使用最普遍的一种方式，如：湖北省枣阳市，原名广昌，隋朝时为避杨广名讳，以境内有一多枣树的枣阳村为名改为枣阳。四川省双流县，原名广都县，隋仁寿元年（601年），为避杨广名讳，以地处郫江、流江之间为由而改名双流县。湖南省平江县，原名昌江，五代后唐时，为避庄宗李存勖祖父李国昌名讳，以昌江流经此地时河床平坦、水流平稳为由，改名平江。湖北省汉川市，原名义川，北宋太平兴国年间为避太宗赵光义名讳，取"汉水所经流也"之意，改名汉川。

二是改用音同义近之词。这种方法比较简便，以此改变的地名也最多。如山西平遥县原名平陶，北魏时为避太武帝拓跋焘名讳，遂改名平遥。

三是改用经典佳词。这种方式历代均有运用，如广东省惠州市，隋唐时为循州，五代时为祯州，北宋时为避仁宗赵祯名讳，以《汉书》"恩惠卓异"之意，改为惠州。贵州省正安县，唐代为珍州，元代为避明玉珍名讳改为真州，明代取"真州安定"之意改为真安州，清朝时为避雍正帝胤禛名讳而改名为正安。安徽省霍邱县，原名霍丘，清雍正帝甚尊孔子，明确规定逢"丘"改为"邱"，霍丘也因此改名霍邱。

四是改用吉祥嘉词。这也是古代命名地名时喜欢用的一种方法，如：陕西省延安市，原名广安，隋仁寿元年（601年）为避太子杨广名讳而取延州、广安县之名各一字合为延安县。河北省永年县，原名广年，隋仁寿年间也为避太子杨广名讳，改名永年，寓"长久吉祥"之意。广西壮族自治区兴安县，唐朝时因"独守臣节"的故事命名为全义，北宋时为避太宗赵光义名讳，改为兴安，寓"兴旺安宁"之意。浙江省长兴县，原名因县城狭长得名长城，后梁时为避朱温之父朱诚名讳，改名长兴，寓"长久兴旺"之意。山东省庆云县，原名无棣县，明洪武年间，为避明成祖朱棣名讳，改名庆云，寓祥瑞之意。

五是改用语意递进之词。这也是古时地名避讳常用的一种方式，如湖北省孝感市，原名孝昌，以此地"孝子昌盛"定名；五代后唐同光年间，为避庄宗李存勖祖父李国昌名讳，取东汉孝子董永卖身葬父、行孝感天动地的典故，改名孝感。江苏省仪征市，宋代在此铸造的四位先皇金像仪容十分逼真，皇帝甚悦，故建仪真观；明朝时设仪真县，清朝时为避雍正帝胤禛名讳，改名仪征。

古代还有一种"憎讳"，即避恶人的讳。唐肃宗最看不起小人安禄山，以其为国仇，进而恶闻其姓，甚至把当时有"安"字的城市名一律改掉，于是改了几十个城名，如把安康改为汉阴，同安县改为桐城，绥安县改为广德，宝安县改为东莞，安昌县改为义昌等。

从秦汉沿用至今的地名，大都采取了一种避讳政治意识的办法，没有把具有强烈政治色彩的朝代痕迹、阶级痕迹、集团恩怨等反映在郡国地名中，而比较多地采用山川湖海、地形地貌、地理方位、自然景观、自然资源方面的经典词汇作为地名，如玉林、长安、南阳等，这样争议少，认同度也高，较为平稳妥帖，因而能够沿用至今。

■ 王莽新朝的改地名风潮

在中国历史上，确立郡县地名最多的是秦朝，而短时期内改变郡县地名最多的则是王莽新朝。王莽建立新王朝后，立即进行复古改制，疯狂改变郡县地名也是其改制的重要内容之一。纵观王莽新朝改变的数百个郡县邑地名，不难看出他当时扭曲的执政理念和改制用心。对王莽所改的地名稍加梳理，会对其几近疯狂的心理有更进一步的了解。

一是标新立异，变"汉"为"新"，一切都要与汉王朝不一样。这是王莽改变地名的最突出特征，如界休县改为界美县，祁县改为示县，道县改为善治县，等等。

二是逆反现象，一切与汉朝对着干，你东我西，你顺我逆。这是其改变郡县地名的又一个突出特征，如曲道县改为顺县，谷远县改为谷近县，无锡县为改有锡县，东昏县改为东明县，等等。

三是行政降级，对那些他看不顺眼的地方一律由郡县降为亭。这也是一个不可忽视的特征，如广都县降为就都亭，揭阳县降为南德亭，耒阳县降为南平亭，相县降为吾符亭，濮阳县降为治亭，等等。

四是歧视性改名，这些蛮横、暴力的改名现象必然会激化阶级矛盾和民族矛盾，也是最终导致新王朝快速走向灭亡的内因之一。这是王莽新朝改变地名中表现出的一种专制、跋扈现象，如蓟县改为伐戎县，曲江县改为除虏县，富春县改为诛岁县，长沙国改为填蛮郡，等等。

五是企求康宁，反映了王莽希望王朝稳定、朝廷安宁、稳坐江山的心态。王莽新王朝建立后，由于其复古改制

▲ 王莽

很不得人心，阶级矛盾日趋激化，为企求社会安定，维护统治地位，在改变郡县地名时也渗入了一些美好的愿望，如大陵县改为大宁县，阿曲县改为凤美县，平舒县改为平葆县，剧阳县改为善阳县，武陵县改为建平县，等等。还有一些地名更改后对原来的含义、内容、意思有所递进、演释、美化，反映出其另一面的心态，如改乌伤县为乌孝县，着意把孝子颜乌的义德明白地彰显出来；将即墨县改为积善县，将长垣县改为长固县，将蒙阴县改为蒙恩县，将慎县改为慎治县，都比较充分地体现出地名含义递进演释的特征。

还有许多地名的改动，根本就没有什么依据，不讲文化，不讲传统，不讲习惯，不讲意义，完全是为改而改。如改"陵"为"陆"，将湖陵县改为胡陆县，将迁陵县改为迁陆县，将元陵县改为元陆县，将屏陵县改为屏陆县；又如改"临"为"监"，改临邛县为监邛县，改临朐县为监朐县，改临水县为监水县；还有些利用字音相近、形不同的特征，对一部分地名进行更改，如将襄城县改为相城县，将长安县改为常安县，等等。

历史是人创造的，在阶级社会，人是分类、分群、分等级的。自从人类从原始社会进入奴隶社会、封建社会，一个阶级推翻另一个阶级，一个朝代更迭为另一个朝代，一个集团赶走另一个集团的事变不断上演，因而阶级之间、朝代之间、集团之间少不了矛盾，少不了恩怨，少不了政治、思想冲突。凡是把这种矛盾、恩怨、政治思想反映在地名上的，很难取得广泛认同，往往都似流星，一闪而过。王莽新王朝改的那么多地名大都没有存留下来就是例证。王莽时期改变的数百个地名，与他只有十五年历史的新王朝一样，都是短命的。王莽新朝灭亡之后，东汉几乎全部恢复了西汉时期的郡县地名，好像只有山东省东明县之名属王莽王朝遗存。王莽当时改东昏县为东明县，东汉建武元年（25年）又改为东昏县，北宋时复改为东明县，可能是因为"昏"这个字实在不好听吧。

■ 令人头痛的重名现象

地名重名，是历史上一种常见现象。中国自古以来疆域广大，政权更迭频繁；特别是地形复杂，山岭河川交错；加上过去交通不发达，信息交流困难；更由于各地普遍都喜欢以吉祥美好之词取名，因而就难免出现很多地名相重的现象。

地名重名，包括两个方面：一是指地名用字完全相同，例如五代周始置之通州（今江苏南通市）与金代始置之通州（今北京市通州区）；二是指地名读音相同或者字形相近，例如民国年间陕西省境内的同官、潼关二县。历代上更改重复地名的对象，主要是针对地名中的县级地名而言（对于村镇而言，重名的地方太多了，改不胜改，徒添麻烦），其中以更改县名用字完全重复为重点，与更改地名相同读音、相近字形相辅相成。

历史上的地名重名，曾给社会日常生活带来了诸多不便。例如北宋景祐三年（1036年），发往潍州（今山东潍坊市）的断狱文书，因潍、维二字音同形近，被误投到维州（今四川理县东北）。又如上述两个通州，在元、明、清六百多年的历史上长期并存，明弘治元年（1488年）一位来华的朝鲜人问道："我所经处，浙江有通州，北京亦有通州；徐州府有清河县，广平府亦有清河县，一海内州县有同名者，何耶？"当时的中国官员答道："名虽偶同，所管布政司有异，实无害也。"此话其实不然。如明代江西布政司境内便有两个永丰县，每年科举考试，只得"分吉（安）永丰、广（信）永丰以别之"。

据统计，西汉时有54组同名县，东汉有11对同名县，唐代有66组同名县，宋代有30组同名县，元代有25组同名县，明代有38组同名县，清道光二十四年（1844年）时有60组同名县，民国初年则有同名县一百组以上。这么多的重复地名，不知给当时人民的生活造成了多少麻烦！远的不说，1930年5月，蒋介石、冯玉祥、阎锡山在河南南部进行了大规模的中原大战，双方投用了100多万人的兵力。战前，冯玉祥和阎锡山为了更好地讨伐蒋，商定率军在河南北部的沁阳会师，然后集中兵力一举歼灭驻守在河南的蒋军。但是，冯玉祥的一位作战参谋在拟定命令时，误把"沁阳"写成"泌阳"。恰巧河南南部有一个泌阳，与沁阳相距数百公里。这样一来，就使冯玉祥的军队误入泌阳，因而贻误了聚歼蒋军的有利战机，让蒋军争得了主动权。在近半年的中原大战中，冯玉祥军队处处被动挨打，最后导致中原大战以蒋的胜利、冯玉祥和阎锡山的联军失败而告结束。一字之差，教训何其惨痛！

地名的重名，早已使古人觉得"古今混淆，尤为难辨"。所以，处理重复地名的最佳办法是将其改名。至于怎么改、改得怎么样，各个朝代情况不尽相同，一般采取的办法有三种：一是改换朝代时，会换掉一批；二是朝廷在任命新的地方长官时会随着制作新官印而改掉一批；三是中央政府集中整治地名时改掉一批。历史上以西安为地名的很多，因其寓"西部安定"之意，所以大家都以此为愿景而命名地名，涉及七八个省，直至今天，陕西省有西安市，吉林省辽源市有西安区（清朝时称西安县，1948年称西安市，1983年改为西安区），黑龙江省牡丹江市也有一个西安区。白云作为地名，也曾在历史上风行过，至今还有广州市白云区、贵阳市白云区。太和也是吉祥词，反映了人们的美好愿望，因而历史上以太和为地名的也不少，尽管屡经整治，现在仍有辽宁省锦州市的太和区和安徽省阜阳市的太和县两个地方。

音同、音近的地名（二）

31. 德庆县（肇庆）——德清县（湖州）
32. 方山县（吕梁）——房山区（北京）
33. 丰台区（北京）——凤台县（淮南）
34. 阜城县（衡水）——涪城区（绵阳）
35. 富裕县（齐齐哈尔）——扶余县（松原）
36. 抚远县（佳木斯）——富源县（曲靖）
37. 抚州市（江西）——福州市（福建）
38. 故城县（衡水）——谷城县（襄阳）
39. 阜平县（保定）——富平县（渭南）
40. 福山区（烟台）——浮山县（临汾）
41. 富阳市（杭州）——阜阳市（安徽）
42. 固原市（宁夏）——沽源县（张家口）
43. 海盐县（嘉兴）——海晏县（海北州）
44. 辉县市（新乡）——徽县（陇南）
45. 简阳市（资阳）——建阳市（南平）
46. 静安区（上海）——靖安县（宜春）
47. 静宁县（平凉）——景宁县（丽水）
48. 惠州市（广东）——徽州区（黄山）
49. 鸡西市（黑龙江）——绩溪县（宣城）
50. 济宁市（山东）——集宁市（乌兰察布）
51. 蓟县（天津）——吉县（临汾）

52. 佳县（榆林）——郏县（平顶山）
53. 开远市（红河）——开原市（铁岭）
54. 兰溪市（金华）——兰西县（绥化）
55. 黎川县（抚州）——利川市（恩施）
56. 丽水市（浙江）——溧水县（南京）
57. 泾阳县（咸阳）——旌阳区（德阳）
58. 荆州市（湖北）——靖州县（怀化）
59. 廉江市（湛江）——连江县（福州）
60. 梁山县（济宁）——凉山州（四川）

第三章
华夏各地地名渊源

尽管地名是一个个简单的名词,却道尽了人与地、地与物的种种关系。每个地名的背后都有一段精彩绝伦的故事。

第一节　中国古代行政区划的渊源

■ "九州"的由来

"死去元知万事空，但悲不见九州同""月儿弯弯照九州，几家欢乐几家愁。"我国诗歌中常有"九州"之说，那么"九州"到底指的是什么地方呢？

西汉以前，认为"九州"系禹治水后所划分；东汉之后，有的认为"九州"是周制，有的认为"九州"是殷制。具体州名未有定论。据《尚书·禹贡》中记载，夏朝时的九州是兖州、冀州、青州、豫州、徐州、扬州、荆州、雍州、梁州。其他史料所记略有区别：《吕氏春秋》有幽州而无梁州；《周礼》有幽、并州而无徐、梁州；《尔雅》有幽、营州而无青、梁州。各家所说的州界，也有一些出入。但从这些记载中我们知道，"九州"之说是春秋战国时期以前的行政区划，这种称呼沿用至今，现在，我们用"九州"来表示中国疆域。

其实，自秦以后，中国的

▲九州图

行政区划多有变动。秦初设郡县，汉朝实行郡国并置。南北朝时，州的数量就更多了，共有208州。唐宋时，全国行政区划是"道"。唐朝初年，"道"仅是一种监察区划，至唐玄宗时，才发展为行政区划，成为凌驾于州县之上最高一级的行政单位，从而使唐代地方行政体制由州、县两级制转变为道、州、县三级制。宋代沿袭唐制，仅将"道"改名为"路"，这表明我国唐宋时代的地方行政区划进入道路制时代，先后长达600年左右。从元朝以后实行行省制，道、省辖范围内，有些城市名继续称"州"。在我国的省（区、市）中，称州的城市名，省会一级的有广州、福州、杭州、郑州、兰州，其他市、县称州的就更多了。不过现在的州，除了自治州以外，不再是行政区划，只是一个城市的名称而已。

依照《尚书》所说的九州，其所辖区域大致如下：

兖州：今河南省北部和山东省西南部一带；

冀州：今河北省南部和山西省东南部一带；

青州：今山东省东部和北部一带；

豫州：今河南省南部、安徽省北部一带；

徐州：今河南省东南部、安徽省东北部、山东省南部和江苏省北部地区；

扬州：今安徽省南部、江苏省中南部以及江西省东部、浙江省和福建省部分地区；

荆州：今湖南、湖北两省及河南省、贵州省、广东省、广西壮族自治区部分地区；

雍州：今陕西省、甘肃省和宁夏回族自治区的部分地区；

梁州：今陕西省南部、四川省东部地区。

■ 省的由来

省，原本是官署的名称，如唐代时期设的尚书、门下、中书、秘书、殿中、内侍6省。

"省"是从元代开始才正式作为行政区域名称的，至今已有700多年的历史了。元代统一中国后，以中书省作为中央政府，再把全国分为15个"路"，每"路"设"行中书省"，相当于中书省办事处或中书省行署，通称"行省"。后来行省成为正式的行政区域名称，简称为"省"，并沿用至今。

明太祖朱元璋沿用此制度，把全国分成12省1直隶。明成祖朱棣迁都北京后，改为13省2直隶，后又增至22省。清代建立了23个相当于省的机构——"府"，其中内地18府为沿袭旧制或以旧制为基础，其余在边境并为清末所置。这些省是直隶、奉天、吉林、黑龙江、江苏、山东、山西、河南、安徽、浙江、江西、湖南、湖北、陕西、甘肃、四川、福建、台湾、新疆、广东、广西、云南、贵州，其中奉天、吉林、黑龙江、新疆、台湾是后来所设。民国时恢复为省，全国先后共设立的省有28个。

■ 县、乡、村的由来

县、乡、村均为我国最基本的行政区划单位。

1. 县的由来

县起于春秋时期。当时秦、楚、晋等国为方便国君对边远地区的控制，往往在新兼并的地方设县。县与卿大夫的封邑不同，是直接隶属于国君的地方行政区域。春秋中期后，设县的国家增多，有的在内地也设置了县，县开始成为地方行政组织。春秋末期，有的国家又在新得到的边远地区设置了"郡"。战国时期,产生了郡统辖县的两级地方行政组织。

秦统一后分全国为三十六郡,后来又增加为四十郡,一个郡管辖几个县。汉高祖刘邦时分全国为六十二郡,区域变小了。汉代郡国并存,国以下也有县。隋唐时改郡为"州",自此以后县隶属于州或府。

2. 乡的由来

《周礼·大司徒》中有"五洲为乡"的记载,这是我国乡制的源起。从春秋时齐国的情况来看,一乡有2000到3000户不等。秦汉时期就有"十里一亭,十亭一乡"的说话,亭有亭长,乡有三老,有秩、啬夫、游徼等乡官,辅助县令治理乡事。到了唐代,因为人口增多,经济进一步发展,遂以"百户为里,五里为乡",里置里正,乡置耆老,一乡管辖人户500左右。其后的宋、元、明、清各代,皆沿袭效仿,皆有乡的设置,只是在辖治范围和管理人户的多少上略有变化。

在漫长的封建社会里,"乡"一直是最基层的地方政权机构,它的主要职能是检招户口、收授田地、征敛赋役等。新中国成立后,对于"乡"这一历史悠久的基层政权机构也作了保留。

3. 村的由来

"村"字,古作"邨",是常见的地名通用字,特别是在我国北方广大地区。古今"村"的概念差别很大,经史中无"村"字。但宋代以前不少文学作品和史书可见到"村"字,

▲ 村落

如《三国志·魏书·郑浑传》中的"入魏界，村落整齐如一"，陶潜的《桃花源记》中的"村中闻有此人，咸来问讯"。

"村"随着历史的变迁和经济的发展，其概念也随之变化。"村"字的原始意义应是城外任何大小的居民点，现在称为"村"的居民点必定具有一定的规模。至于乡村和城市的区别，一般习惯上以经济来源和多数居民所从事的产业而定。多数居民从事农业，以农业为主要经济来源是乡村的主要标志。就目前而言，"村"又是一个经济单位和行政单位的概念，如一个村民委员会，既是一个经济单位，也是一个行政单位。

■ 其他行政区划单位的由来

中国是四大文明古国之一，有着几千年光辉灿烂的文明历史，所以行政区划的历史也十分悠久。即使从春秋初期，公元前688年开始置县算起，中国的行政区划至今也已有2500多年的历史，而且2000多年来不断发展，从未间断。可以说，中国的行政区划单位是世界上历史最悠久、保存最完整的行政区划单位。除以上文中介绍的州、省、县、乡、村外，还有其他一些行政区划单位。

1. 国

周代分封诸侯，每个诸侯都建立一个"国"。秦代取消分封制，"国"不存在了。西汉实行郡国并置制度，"国"再次成为汉代诸侯王的封域，同时也是行政区。"国"的区域与郡相当，所以常连称为"郡国"。东汉后，"国"作为区域行政单位被取消。

2. 道

"道"为古代地方一级行政单位。唐代将全国分为十道，后分为十五道，相当于汉代的"州"，隶属于中央的监察区。"道"下辖府、州，府、州下领县。北宋沿袭唐制，全国分为十三道，不久即废，变"道"为"路"。清代又将"道"恢复，它的辖区范围较小，隶属于省，但比府、州要大。

3. 路、军和监

宋代行政区划的最高一级为"路"。实施的三级制，最基本的是"路—州—县"；州级单位有府、州、军、监。北宋废"道"为"路"，初为征收赋税、转运漕粮而设，后来逐渐带有行政区划和军区的性质。最初全国分为十五路，后来分为十八路、二十四路。南宋失北方之地，仍以势力所及分为十六路，如广东路、广西路、福建路、湖南路等，和今天的省名相同，区域也大致相同。元代也有路，较宋代小，相当于州、府。

"军"起于唐，当时称"军镇"，属军事辖区，多设在边远地区，只管军队不管民政。五代时，军不仅管兵马，也辖有土地、民政，但各军、监皆不辖县；至宋代，"军"则演变为地方行政区划单位，一个军等于一个州或府，隶辖于"路"。

"监"是国家经营的矿冶、铸钱、牧马、制盐等专业性的管理机构，起于五代之初，但也是在宋代才演变成地方行政区划单位的。

宋代的军、监分为两类：领县的或不领县的。领县的军监与府、州同级，皆隶于路，但实际地位则要低于府和州；不领县的军、监与县同级，同隶于府或州。因此，宋代县级以上、路级以下的区划单位有府、州、军、监4类，县一级的区划单位有县、军、监3类。据《元丰九域志》中载，北宋时期全国有37军、4监、1255县。

■ 中国各地域名称及简称的由来

1. 我国省级行政区名称的命名大致可归纳为以下几类：

（1）依境内中心城镇来命名：如北京、上海、吉林等；

（2）依与民族名称相关来命名：如内蒙古、台湾等；

（3）依一定纪念意义来命名：如重庆、天津、新疆、宁夏、辽宁等；

（4）依地理位置来命名：如河北、河南、山东、山西、湖南、湖北、西藏、海南、陕西、云南、江西、广东、广西等；

（5）依境内河湖名称来命名：如浙江、青海、黑龙江等；

（6）依古代官府名称或辖区名称来命名：如江苏、安徽、甘肃、福建、四川等；

（7）其他：如贵州、香港、澳门等。

2. 简称的命名，大致可归纳为以下几类：

（1）以全称中的一或多个字代替：如京、蒙、藏、新、甘、黑、辽、青、苏等；

（2）以境内河湖山脉名称命名：如赣、湘、贵、浙、陇等；

（3）以历史名称命名：如冀、鲁、渝、沪、桂、晋、粤、豫、鄂、琼、秦、蜀等；

（4）其他：如闽、皖、黔、滇等。

 知识链接

同一种地名，不同的地方

1. 铁东区——鞍山/四平

2. 西市区——营口/蚌埠

3. 铁西区——沈阳 / 鞍山 / 四平 / 安阳

4. 向阳区——鹤岗 / 佳木斯

5. 新城区——呼和浩特 / 南宁 / 西安 / 银川

6. 新华区——石家庄 / 沧州 / 平顶山 / 新乡

7. 太平区——阜新 / 哈尔滨

8. 普陀区——上海 / 舟山

9. 桥东区——石家庄 / 邢台 / 张家口

10. 桥西区——石家庄 / 邢台 / 张家口

11. 市中区——济南 / 济宁 / 枣庄 / 乐山 / 内江 / 遂宁 / 广元

12. 通州区（北京）——通州市（南通）

13. 栖霞区（南京）——栖霞市（烟台）

14. 伊春市（黑龙江）——伊春区（伊春）

15. 中山市（广东）——中山区（大连）

16. 钟山县（贺州）——钟山区（六盘水）

17. 资阳市（四川）——资阳区（益阳）

18. 新兴区（七台河）——新兴县（云浮）

19. 西安市（陕西）——西安区（辽源、牡丹江）

20. 西林县（百色）——西林区（伊春）

21. 太和县（阜阳）——太和区（锦州）

22. 梨树区（鸡西）——梨树县（四平）

23. 连山区（葫芦岛）——连山县（清远）

24. 龙山区（辽源）——龙山县（湘西）

25. 平江区（苏州）——平江县（岳阳）

26. 平山县（石家庄）——平山区（本溪）

27. 河南省——河南县（青海黄苹）

28. 河北省——河北区（天津）

29. 河口区（东营）——河口县（红河）

30. 海城市（鞍山）——海城区（北海）

31. 东兴区（内江）——东兴市（防城港）

32. 甘南州（甘肃）——甘南县（齐齐哈尔）

33. 大通县（西宁）——大通区（淮南）

34. 大安区（自贡）——大安市（白城）

35. 大埔区（香港）——大埔县（梅州）

36. 东安区（牡丹江）——东安县（永州）

37. 长宁区（上海）——长宁县（宜宾）

38. 安宁市（昆明）——安宁区（兰州）

39. 昌邑市（潍坊）——昌邑区（吉林）

40. 朝阳区（北京/长春）——朝阳市/朝阳县（辽宁）

41. 大同市/大同县（大同）——大同区（大庆）

42. 海南省——海南州（青海）——海南区（乌海）

43. 吉安市/吉安县（吉安）——集安县（通化）

44. 和平区（天津/沈阳）——和平县（河源）

45. 兴安盟（内蒙）——兴安县（桂林）——兴安区（鹤岗）

46. 东山县（漳州）——东山区（鹤岗/广州/乌鲁木齐）

第二节 华东地区地名渊源

新中国成立初期,华东区曾为中国六大行政区之一,是当时的一级行政区,于1954年撤销,自北向南包括山东省、江苏省、安徽省、上海市、浙江省、江西省、福建省和台湾省,面积83.43万平方公里,约占中国面积的8.7%。华东地区包括山东、江苏、安徽、浙江、福建五个省与上海直辖市。

■ 山东地名渊源

山东,简称"鲁",省会济南。因在太行山之东而得名,曾为春秋时鲁地,故简称"鲁"。唐大部分属河南道;宋设京东路,后分京东东、西路;金更名山东东、西路;元设山东东西道;明置山东省,后改山东布政使司;清代改为山东省,省名沿用至今。

1. 济南市

济南市,山东省省会,是一座历史文化名城。在距今4000年前

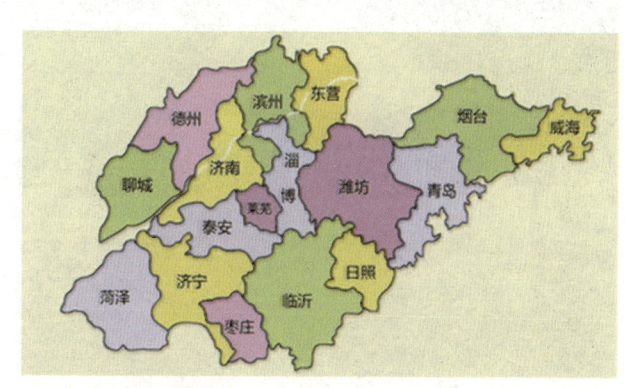

▲ 山东省地图

的新石器时代已有人类在此活动,著名的龙山文化最早就发现于今济南市东北 35 公里处的章丘县龙山镇城子崖。传说中的舜耕历山,就是今济南市南的千佛山。春秋时代这里曾是齐国领土,《春秋》《左传》等名著记载的多次军事活动都发生在济南境内。战国时期,济南称为历下。

"济南"一词最早出现于秦汉时期。历史上黄河曾经多次改道,秦汉时黄河的主要入海口与现在的位置不同,但当时黄河有一条岔道分流部分河水入海,这条岔道就是"济水"。据《汉书·地理志》和《水经》中载,当时济水从今荥阳北分黄河东出,流经原阳县南、封丘县北,至山东定陶县西,折向东北注入巨野泽,再从泽北出经梁山县东,至东阿旧治,经济南市北泺口,然后沿着现今小清河河道注入大海。秦始皇统一天下后,将全国分为 36 郡,后来又增设了几郡,其中有一个因主要境域在济水以北而称为"济北郡",当时历下就属济北郡管辖。到了西汉,从齐郡划出一块地方单独设了一个郡,因在济水以南而称"济南郡",并将历下改为"历城县",划归济南管辖。这就是地名"济南"的由来。

▲ 济南趵突泉

西晋末年,济南郡治自东平陵(今胶济铁路上的平陵站)迁到此处,才正式使用"济南"一词作为地名。宋元嘉九年(432 年)设置了侨冀州,辖区在历城。北魏皇兴二年(468 年)

改侨冀州为"齐州"。隋开皇三年（583年）设置济南，以州领县。此后至北宋政和六年（1116年）的500多年间，除了隋大业年间曾改为"齐郡"，唐天宝年间又先后改为"临淄郡""济南郡"外，济南一直是齐州的治所，并逐渐从一个军事、交通性城市转化为一个商业都会。

北宋政和六年（1116年），济南升为济南府。元代改为济南路，隶属中书省，设有直属中央御史的山东肃政廉政司。明洪武九年（1376年）设承宣布政使司，治济南府，这是济南作为山东省首府的开始。1929年正式设置济南市。

济南还常被人们称为"泉城"，这是因为历史上济南以泉水而闻名，仅有史料记载的就有72名泉，其中以"天下第一泉"——趵突泉著称于世。

2. 青岛市

青岛最早以地名见诸文献是在明代。明万历年间，即墨县令许铤在《地方事宜议》中载："本县东滨海，即中国东界，望之了无津涯，惟岛屿罗峙其间，岛之可人居者，曰青（即青岛）、曰福（即大福岛）……"当时青岛、大福岛等均属即墨县辖。这里"岛之可人居者"，不是指海中无人居住的"小青岛"，而是指陆地村镇的名称，这些名称一直沿用至清代。1897年青岛被德占去后，签订了"胶澳租界条约"，因其范围包括胶州湾一带，整个租借地称"胶澳"，民间俗称"大青府"。1899年，德皇将租借地的市区改为"青岛"。1929年全区域称"青岛"市。

3. 烟台市

烟台，从表面上理解就是古时烽火台的意思。历史上，每当外敌入侵，烽火台上即升起黑烟，向我军发出警报。

明洪武初年，为了防备倭寇犯境，我国胶东半岛北部设置了"奇山防御千户所"，依山势建筑起坚固的城堡，城堡上设有烽火台，此山因此也被称为烟台山。"烟台"之名由此而来。

■ 安徽地名渊源

安徽，简称"皖"，省会合肥。安庆、徽州各取一字便得"安徽"之名。唐大部属江南西道和淮南道；宋置江南东路和淮南西路；元属江东建康道和淮西江北道；明境内各府和直隶州直属中央，称为直隶，后改南直隶；清改江南省，后分设安徽省。1667年，取当时的政治中心安庆（今安庆市）和经济都会徽州（今歙县）二府首字组成"安徽"，"安徽"由此得名。民国时期，仍沿用"安徽"之名；新中国成立之初分设皖北行署和皖南行署，后合并恢复安徽省，省名沿用至今。

关于安徽省的简称，一说因安庆是春秋时皖国故地，别称为"皖"，故而安徽简称"皖"；一说认为因境内最早的名山天柱山古称皖公山，故而简称"皖"。众说不一，未有定论。

1. 合肥市

战国末年，淮河水系中肥水（今北淝河）下游的寿春（今寿春镇一带）已是淮河流域的著名都城。施水（今南淝河）北近肥水上源，南入巢湖，临长江。随着江淮间的交通发展，肥、施二水成为了重要的水上通道，通道的南面兴起一新城，就是今日的"合肥"。自战国末年起，直到西汉前期，合肥与寿春南

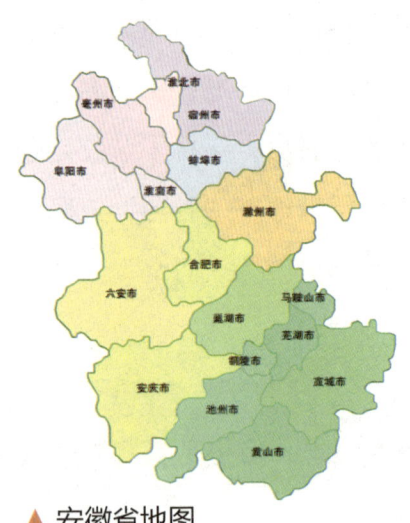

▲ 安徽省地图

北相辅，在北边中原、南通闽越的经济交流中，南来的土特产品通过江湖之间的水运，抵达施水航运终点，与北来集于淮上而出于肥水的中原各类物资相交换。南来北往的水运，由施口上合于肥口，合肥正当此运道的起点而得其名。公元前122年，汉武帝设合肥为州、府、县的治所。因为自隋唐至明清，合肥多为庐州府、庐州郡、庐州路的驻地，故别称"庐州"。1949年合肥设市，1953年合肥成为安徽省的省会。

2. 安庆市

安庆，简称"宜"。古称"舒州"，别称"宜城"。素有"万里长江此封喉，吴楚分疆第一州"的美誉。东周时期，安庆是古皖国的所在地。南宋绍兴十七年（1147年），改"舒州德庆军"为"舒州安庆军"，"安庆"由此得名。安庆城初建于1217年，至今已有800多年的历史。东晋郭璞曾称"此地宜城"，故安庆又称"宜城"。

安庆设城后直至清末，均为安庆府治和怀宁县治，民国时期为专署驻地。由于安庆的地理位置十分重要，并且安庆又是控制金陵的"西大门"，故明末以来的巡抚亦持节镇守于此。清乾隆二十五年（1760年）至民国二十六年（1937年），安庆同时又是安徽省布政使司和安徽省会（皖省省治）所在之地，是安徽省省会和全省政

▲ 安庆内军械所旧址

治、经济、文化中心。

安庆是我国较早接受近代文明的城市之一。清咸丰十一年（1861年），曾国藩创办的安庆内军械所，制造了中国第一台蒸汽机和第一艘机动船；清光绪年间陈独秀在安庆举办藏书楼演说，创办《安徽俗话报》，最先举起了"新文化"的旗帜；光绪三十三年（1907年）、三十四年（1908年）先后发生在安庆的徐锡麟巡警学堂起义和熊成基炮马营起义，接连打响了辛亥革命第一枪和新军起义的第一枪；安徽省的第一座发电厂、第一座自来水厂、第一家电报局、第一部电话、第一条官办公路、第一个飞机场、第一个现代图书馆、第一所大学、第一张报纸等都诞生在这里。古皖文化、禅宗文化、戏剧文化和桐城派文化在这里交相辉映，形成了独具特色的地方文化。

3. 蚌埠

蚌埠，别称珠城，简称蚌，是安徽省的直辖市，以古代盛产河蚌而得名，素有"珍珠城"的美称。史前时期，该地域为淮夷族聚居区。春秋战国时期，曾分别为徐方、鲁、宋、吴、越、楚等国邑地。南宋时期，至南宋宝祐五年（1257年），分钟离县（今凤阳县）置怀远军和荆山县，辖今怀远县及蚌埠市区西部、固镇县一带，今蚌埠市区东部属濠州钟离县；南宋咸淳七年（1271年）始置淮安军及五河县。元朝时期，撤销怀远军，改荆山县为怀远县属濠州（治今凤阳），今蚌埠市区西属濠州怀远县，东属濠州钟离县。明清时期，蚌埠及其所辖区域屡有变动。1947年1月1日，蚌埠正式设市。

4. 宿州市

宿州，简称"蕲"，别称"蕲城""宿城"。宿州背倚中原，襟连沿海，是安徽省的北大门，有"淮南第一州""奇石之城""马戏之乡""酥梨之都"等美称。

宿州是安徽省历史文化名城，有距今8000年历史的小山口遗址、古台寺遗址，是楚汉文化、淮河文化的重要发源地。早在5000年前就有徐夷、淮夷等部落在这里繁衍生息。春秋战国时期，境内有宿国、

▲ 宿州闵子祠

萧国、徐国等小诸侯国。秦时，设四川郡。汉时，四川郡改名沛郡，辖三十七个县。隋大业年间，通济渠（汴水）开通，古城宿州随着汴水漕运的兴盛逐步发展起来。唐宪宗元和四年（1266年），撤并蕲县、符离、临涣、灵璧4个县置宿州，属河南行省归德府。此后千余年间，宿州一直是历代州府的治所。

宿州曾是老（子）、庄（子）论道之地，也曾留下孔子游说的足迹。鄢陵季子挂剑徐公墓以践"心许"的掌故誉贯古今，"鞭打芦花车牛返"作为道德文章的典范，使闵子骞成为孔子高足"七十二贤"之端，闵墓闵祠为读书人膜拜了2500多年。当年陈涉筑台誓盟的大泽乡涉故台，如今仍高台岿然游人纷至。因为刘邦藏身避祸而得名的皇藏峪，现已辟为国家森林公园。此外，千年古刹瑞云寺，楚汉相争的垓下古战场、掩香埋玉的虞姬冢、李白饮酒放歌的宴嬉台、白居易留连寓居的东林草堂、苏轼留下墨宝的扶疏亭，宛如镶嵌在千里平原上的一颗明珠。

5. 黄山市

黄山是地处安徽省南部的游览胜地，被称为"天下第一奇山"，它的奇松、怪石、云海为人津津乐道。古称"天子都"，因为它雄伟秀丽，

且神秘莫测，是天帝和神仙的居所。

至秦代，人们根据它的颜色又将其称为"黟山"。那么，后来为什么又改叫"黄山"了呢？据说是因为黄帝曾在此炼丹而得名。黄帝又称"轩辕氏"，是部落联盟的首领。他带领我们的祖先养蚕、制造舟车。时光飞逝，黄帝年岁渐高，可他还有很多未完之事：河流需治理、土地需开垦、禽兽需要驯化等。为了长生不老，多为百姓办好事，黄帝便派浮丘公为他寻找炼丹的地方。浮丘公走了3年才回来，告诉黄帝："江南有一群高山，只因山上多是黑石，叫"黟山"，那里可以炼丹。"于是，黄帝带领浮丘公、容成子和一些臣仆来到黟山，垒石造屋，砌炼丹炉，采集炼丹之草药。

黟山有72座陡峭的山峰，有的地方连猴子也难上去，可轩辕黄帝却踏遍了每一寸山崖。到后来，所备的粮食吃完了，只能靠摘野果充饥，很多人不能忍受其苦，偷偷地跑走了，最后只剩下黄帝和浮丘公、容成子3人。他们经过9年千辛万苦的寻找，才采集齐炼丹所需的草药，又打了一眼井，掘开清洌甘甜的山泉，这才开始炼丹。

3年过去了，原来准备好的柴快要烧完了，仙丹还没炼成，炼丹台附近的树已被砍光，浮丘公和容成子只得到远处去砍柴，黄帝一人看守炉火。黄帝把最后一块松柴填进了炉膛，浮丘公和容成子还没回来，眼看火势越来越小，一旦熄灭，将前功尽弃。黄帝便把自己的一条腿伸进炉里当柴

▲ 黄山

烧，终于炼成了仙丹。这时浮丘公和容成子也赶了回来，把黄帝的腿从火里救了出来。三个人吃了仙丹，果然脱胎换骨，飘然成仙了。

现在在黄山的七十二峰中就有以三位仙人命名的轩辕峰、浮丘峰、容成峰。据说桃花溪中还有他们炼丹时用过的丹井、药臼。

■ 江苏地名渊源

江苏，简称"苏"，省会南京。地处中国大陆东部沿海中部。唐时大部属江南东道和淮南道；宋置江南东路、两浙西路和淮南东路；元属江东建康道、江南浙西道、淮东江北道；明境内各府和直隶州直属中央，称为直隶，后改南直隶；清康熙六年（1667年）设江苏省，取两江总督驻所江宁（今南京市）和巡抚驻所苏州（今苏州市）二府首字组成"江苏"。

江苏省现下辖1个副省级城市（南京，辖11个市辖区）、12个地级市（44个市辖区）、21个县级市、21个县，县（市）中包含昆山、泰兴、沭阳3个江苏试点省直管县（市）。

1. 南京市

南京，简称"宁"，又称"金陵""江宁""秦淮河"。地处江苏省西南部，为江苏省省会，是一座历史文化名城，我国的七大古都之一。南京的历史悠久，5000多年前已有居民在此生息繁衍。公元前427年，越王勾践卧薪尝胆灭掉吴国后，在此修建越城，迄今已有2400多年历史。公元前333年，

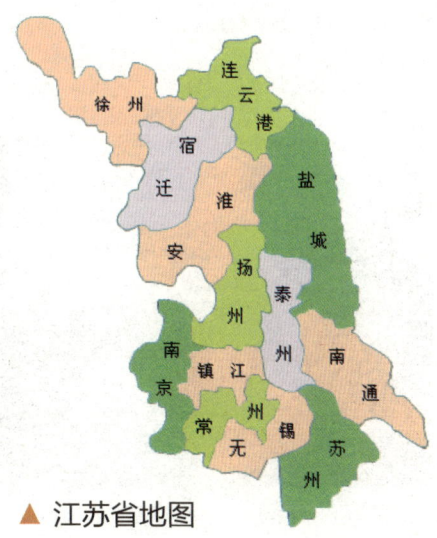

▲ 江苏省地图

楚攻下越,在越城的石头山上设置了金陵邑,"金陵"因此得名。

秦时,金陵邑被改为"秣陵县",属会稽郡管辖。东吴、东晋与南朝的宋、齐、梁、陈,五代的南唐以及明初、太平天国均建都于此,南京作为首都的时间长达 436 年。三国时,东吴孙权于 211 年将秣陵改称"建业",次年又将建业县和丹阳郡的治所移至此处。孙权称帝后,于 222 年定都建业,这是南京作为首都的开端。当时不仅大修石头城,而且在石头城东面修建都城建业,沿秦淮河一带成为市场和居民的聚居地,从此,"秦淮河"逐渐也成为南京城的别称。

晋建光元年(313 年),为避晋愍帝司马邺的名讳,建业改称"建康"。南朝梁武帝时建康经济发达,人口日众,超过百万,城区广达"四十里",为全国第一大城市。隋灭陈后,隋文帝杨坚将繁盛的建康城一举荡平,这是南京城在历史上遭受的首次毁灭性破坏。隋朝廷随即于石头城设置了蒋州。此后,南京城的名称和归属不断更迭。

937 年,五代十国时期的南唐将建康城改为"江宁府",定为首都,并修建了规模宏大的城池,这就是南京的别名"江宁"的由来。北宋的江宁府、南宋的建康府、元朝的集庆路,均继承了南唐江宁府的原址。

元末明初,南京称为"应天府"。明太祖朱元璋当上皇帝后,将首都定于应天府,这是南京第一次作为全国的首都。明洪武元年(1368 年)八月,朱元璋打算把首都迁到北宋的故都开封府,于是建开封府为北京,将应天府改称"南京"。这就是"南京"名称

▲ 南京秦淮河

的由来。10年后，开封府又去掉了"北京"的称号，南京改称"京师"。到了永乐十九年（1421年），明成祖朱棣又将首都迁至北京，京师又复称为"南京"，作为"留都"。

1853年至1864年，太平天国也将南京作为自己的首都，并改称"天京"。1912年孙中山就任临时大总统也是在此。1927年国民政府建立后也将南京作为首都，直至1949年新中国成立。

2. 无锡市

无锡，简称"锡"。古称"梁溪""金匮"，素有"太湖明珠"之美称。地处江苏省南部，是我国著名工业、旅游城市。也是江南文明发源地之一，有文字记载的历史可追溯到3000多年前的商朝末年。

"无锡"之名源于汉代。据《锡金县志》中载："周秦时代，无锡西郊的锡山发现铅锡，附近居民竞相开采，故此地原名'有锡'。至西汉高祖五年（公元前202年）始置县，属会稽郡。因此时锡矿挖掘殆尽，所以就被命名为'无锡'。"这一传说在《东周列国志》中则被艺术加工成一则动人的故事：战国末年，秦王嬴政令大将王翦率军讨伐楚国，驻军锡山，士兵在埋锅造饭时，掘出一块石碑，碑上刻着十二个字："有锡兵，天下争；无锡宁，天下清。"当地百姓告诉王翦，此地盛产锡，但近年来已逐渐减少。王翦听了，道："此碑露出，天下由此渐宁矣，今后当命此地为'无锡'。"

清雍正二年（1724年），分无锡为无锡、金匮两县，同城而治，均属常州府。宣统三年（1911年），推翻清朝统治，锡金军政分府成立于原金匮县属，辖原无锡、金匮两县；同年5月，撤销锡金军政分府。

1912年，锡、金两县合并复称无锡县，属苏常道。1927年，废苏常道，无锡县直属江苏省。截至2016年，无锡下辖5个行政区、7个镇、

41个街道。

3. 苏州

苏州，简称"苏"，又称"姑苏""平江"等，古称"吴"。地处江苏省东南部，长江三角洲中部，东临上海，南接嘉兴，西抱太湖，北依长江。苏州下辖姑苏区、相城区、吴中区、虎丘区和吴江区。

"姑苏"之称的由来源于一个传说：夏朝时，有一很有名望的谋臣叫胥，不仅非常有才学，而且精通天文地理。因帮助大禹治水有功，深受舜王的敬重，被封为大臣，还获封长江下游一大块富饶的吴地。从此，吴中便有了"姑胥"之称。后来年代久了，"胥""苏"两字读音相近，于是"姑胥"渐渐演变成了"姑苏"。

商朝末年，我国西北地区姬姓周氏族首领古公亶父之子泰伯、仲雍，避位让贤，从陕西岐山下的周原，千里南奔，来到长江下游南岸的梅里（今江苏梅村），与当地土著居民结合，建立了带有部落性质的"勾吴之国"。这是苏州一带称"吴"的最早记载。

前11世纪中叶，周灭商，实行分封制。周武王寻得已在吴地为君主的泰伯、仲雍五世孙周章，封其为诸侯。"勾吴"遂成诸侯国正式被纳入西周版图。

周简王元年（前585年），寿梦即位称王，吴国始有确切纪年。从寿梦起，吴国国势日盛，并开始与中原各国交往，跻身大国争霸的行列。

隋建立后，变州、郡、县三级制为州、县两级。开皇九年（589年）灭陈后废吴郡建置，因城西有姑苏山之故，改"吴州"为"苏州"，这是苏州之名的由来。

■ 江西地名渊源

江西，简称"赣"，省会南昌，别称"赣鄱大地"。是江南"鱼米之乡"，古有"吴头楚尾，粤户闽庭"之称。因733年唐玄宗设江南西道而得省名，又因省内最大河流为赣江而简称"赣"。

江西的历史可上溯至一万年前。

商朝时期，江西已进入青铜器时代，与中原地区的经济文化发展水平一致。春秋战国时期，吴、越、楚三国分争江西。

▲ 江西省地图

秦设36郡，江西属九江郡，置庐陵县、新淦县、南壄县。而江西作为明确的行政区域建制，则始于汉高帝初年。时设豫章郡（赣江原称豫章江），郡治南昌县，下辖18县。

汉武帝时划全国为13个监察区，称13部州，江西属扬州刺史部。献帝建安五年（200年）时，孙策分庐陵、雩都等县置庐陵郡。建安十五年（210年），孙权厘置彭泽郡（旋废）、鄱阳郡。嘉禾五年（236年），孙权庐陵南部都尉，隶扬州。

唐玄宗开元二十一年（733年）时增为15道，属江南西道，其监察区下辖8州，治洪州（南昌市）；后设江西观察使，此为江西得名的开始。

宋置江南西路，简称江西路；元设江西行省及江西湖东道；明置江西省，后改江西布政使司；清改江西省，省名沿用至今。

1. 南昌市

南昌，是江西省省会，简称"洪"或"昌"，古称"豫章""洪都""洪城"。

南昌是国家历史文化名城，是历代府、州、省、道治所，自西汉建城距今已有两千多年的建城史。南昌城名数易，别名诸多，汉称"豫章"，唐称"洪州"，宋称"隆兴"，明代定名为南昌。

南昌是一座历史悠久的文化古城，境内的安义曾出土过五十万年前的旧石器。早在五千多年前，就已有人在此生产生活。至三千年前，北至艾溪湖，南至青云谱，这一弧形地带形成了古代南昌居民的聚集区。《禹贡》属扬州地。春秋属吴。战国属楚。南昌地处吴、楚交界，吴楚相争多在于此。

秦属九江郡，郡治设在寿春（今安徽寿县）。据《汉书》中记载，汉高祖五年（前202年），颖阴侯灌婴奉命驻军当地，修筑"灌城"，次年修筑城池，城址在今南昌火车站东南约4公里的黄城寺，城周长十里八十四步，称"灌婴城"，开创了南昌的建城历史，并取"昌大南疆，南方昌盛"之意，定名"南昌"。

三国时为东吴豫章郡。晋元康初年（291年），置江州（今江西九江），后移治浔阳（今江西九江）。两晋及南朝时为豫章郡、豫章国。这一时期，伴随着中原文化南渡，南昌城得到了很大发展，逐渐成为中国古代版图上的重要城市。

隋唐五代十国时期，南昌的经济与战略地位愈加凸显。南唐中主李璟于959年（交泰元年）升洪州为南昌府，并于宋建隆二年（961年）将都城从江宁迁往南昌，号"南都"。

宋开宝八年（975年）复名洪州，天禧四年（1020年）属江南西路。

天圣八年（1030年），江南西路的治所设在南昌。隆兴元年（1163年），宋孝宗继位前曾封建王于此地，故升隆兴府。

元至元十四年（1277年）置隆兴路，元至元二十一年（1284年）更名龙兴路，至正二十二年（1362年）改为洪都府，次年更名南昌府。元称隆兴路，后又改为龙兴路。

明洪武三年（1370年）南昌、新建两县同城而治，直到清末。

1914年为豫章道。1926年北伐军攻克南昌后开始设市。

1949年5月22日，中国人民解放军解放南昌，南昌成为为中华人民共和国的江西省直辖市、江西省人民政府所驻地。

2. 九江市

九江，简称"浔"，古称"浔阳""江州""柴桑"。为江西省地级市，是一座有着2200多年历史的江南文化名城。

"九江"之称，最早见于《尚书·禹贡》中"九江孔殷""过九江至东陵"等记载。九江称谓的来历有两种，一是"九"为古代中国人认为的最大数字，"九江"的意思是"众水汇集的地方"，"九"是虚指；二是"以为湖汉九水（即赣江水、鄱水、余水、修水、淦水、盱水、蜀水、南水、彭水）入彭蠡泽也"，即九条江河汇集的地方，"九"是实指。长江流经九江水域境内，与鄱阳湖和赣、鄂、皖三省毗连的河流汇集，百川归海，水势浩渺，江面壮阔。

夏商时期，九江属荆、杨二洲之城，春秋时期属吴之东境，楚之西境，素有"吴头楚尾"之称。秦始皇统一中国后，设九江为三十六郡之一。两千多年来，自秦朝始，曾使用过九江、柴桑、江洲、浔阳、汝南、溢域、德化共七个名称。明朝以后"九江"作为地名沿用至今。

截至目前，九江市下辖2区、8县、3县级市。

此外，九江市设立以下县级管理单位：九江经济技术开发区（国家级）、庐山风景名胜区。

3. 上饶市

上饶，古称"饶州""信州"，为江西省下辖地级行政区，地处江西省东北部。上饶东连浙江、南临福建、北接安徽，处于长三角经济区、海西经济区、鄱阳湖生态经济区三区交汇处，自古就有"八方通衢""上乘富饶、生态之都"和"豫章第一门户"之称。

上饶可考的历史中，属扬州，最早为周之番邑，为楚东境。周敬王十六年（前504年），吴伐楚取番，属吴。周元王三年（公元前473年），越灭吴，属越。周显王三十六年（前333年），楚灭越，复属楚。

秦设郡县制时主属九江郡，汉主要属豫章郡，三国吴至隋主要属鄱阳郡，梁承圣二年（553年）改鄱阳郡为吴州，时区境主要属吴州，次属金华、新安、建安三郡，陈光大二年（568年）罢吴州，复为鄱阳郡。隋初改金华郡为婺州，并定阳县入信安县。开皇九年（589年），改鄱阳郡为饶州，改新安郡为歙州。大业三年（607年）复饶州为鄱阳郡，复婺州为金华郡，复歙州为新安郡。唐时改郡为州，贞观元年（627年）分天下为十道，区境属江南道。乾元元年（758年）始设信州，其时市境主属饶、信二州，其次分属歙、抚二州，均属江南西道。五代，区境初属杨吴，后属南唐，都归镇南军节度管辖。杨吴时，区境仍分属饶、信、歙、抚四州。升元元年（937年）改饶州为永平军。

宋开宝八年（975年）废永平军仍为饶州。区境分属饶、信、歙三州，均隶江南东路。元贞元年（1295年）后，区境分属信州路、饶州路、徽州路和铅山州，均隶江浙行中书省。明初区境分属广信、饶州、徽州三府。元至正十七年（1357年），改徽州路为兴安府；元至正二十年（1360年），改信州路为广信府，仍隶江浙行省；元至正二十一年（1361年），改饶州路为鄱阳府。

洪武二年（1369年），复改鄱阳府为饶州府。四年（1371年），以广信府改隶江西行省。九年（1376年），改行中书省为承宣布政使司，广信、饶州两府均隶江西承宣布政使司。清代与明同。

2000年10月，经国务院批准，撤销"上饶地区"改设"上饶市"。

■ 浙江地名渊源

浙江，简称"浙"，省会杭州。境内最大的河流钱塘江，因其江流曲折，称"之江""折江"，又称"浙江"，省以江名。战国时浙江指现今的富春江、钱塘江和新安江。东汉将浙江分为浙东、浙西两地。唐后这两个地区改为政区名称。明初置浙江省，取全称中的"浙"字作为简称，"浙江"因此得名。后改浙江布政使司。清改浙江省，省名沿用至今。现下辖11地级市、35区、55县（县级市）。

浙江是吴越文化、江南文化的发源地，是中国古代文明的发源地之一。早在5万年前的旧石器时代，就有原始人类"建德人"在此活动，境内有距今7000年的河姆渡文化、距今6000年的马家浜文化和距今5000年的良渚文化，更有"鱼米之乡""丝绸之府"的美称。

1. 杭州市

"上有天堂，下有苏杭。"杭州与苏州齐名，同为历史文化名城和著名的风景旅游城市。杭州还是我国著名的七大古都之一。

杭州别称"钱塘"。相传从灵隐山涌泻下来的水，经汇合后成为"武林水"，又名"泉水""钱水"，与江海相通。居民为防止潮汐的冲淹，筑起一条塘堤，取名"钱塘"。

▲ 杭州　钱塘江

史料中还有记载。汉朝有个叫华信的地方官，想筑塘拦坝，就欺骗百姓说：凡有人挑土石一斛到江边的，给钱一千。消息一经传开，人们纷纷从四面八方挑土石而来。可是到了江边，华信又称：过去的宣告不再有效。于是大家把挑去的土石倒到江边，形成了塘堤，"钱塘"之称也由此而来。

实际上"钱塘"一词早在秦代就出现了，不过当时叫作"钱唐"。秦始皇统一天下后，在今杭州设置了钱塘县，归会稽郡（治所在苏州）管辖。这也是杭州建治的开始。南北朝末年，设置了以钱塘县为郡治的钱唐郡。隋文帝开皇九年，钱唐郡被改称为"杭州"，州治初在余杭，次年迁到钱塘。这是"杭州"首次作为地名出现。不久，在凤凰山麓筑州城，周围达36里多。隋炀帝大业六年（610年），江南运河开通，杭州居京杭大运河终点，商贾云集，初具都市规模，并逐渐发展成贸易中心。

唐代"钱唐县"改称"钱塘县"。五代时为吴越的国都。南宋迁都于此，并成为临安府的治所。明清时为杭州府的治所。1912的原钱塘县和仁和县并为"杭县"，1927年置杭州市，新中国成立后一直为浙江省的省会。

唐代以后，杭州城得以迅速发展。北宋时，苏轼任杭州知州，将杭州城治理得井井有条。到了北宋末年，中原沦陷，宋室南渡，大批官民南下杭州，给杭州带来了商业和文化的迅速繁荣。杭州城作为南宋的首都历时150多年，这段时间是杭州历史发展的鼎盛期，"上有天堂，下有苏杭"的说法也就是从这个时候开始的。

2. 绍兴市

绍兴市地处钱塘江口的南岸，更是盛名的南方水乡。绍兴已有2500多年建城史，夏称"於越"，亦称"大越"，简称"越"。春秋时期，於越民族以今绍兴一带为中心建国，即为越国。秦王政二十五年（前222年），降越君，称会稽郡。晋称会稽国，南朝时为东扬州治所。隋开皇九年（589年），改置吴州总管府，治会稽县。大业元年（605年）起称越州，此后越州与会稽郡名称交替使用。

12世纪20年代，北宋北方日益强大的女真族政权——金，攻下了北宋首都东京汴梁（现开封）。当时北宋皇帝钦宗和太上皇徽宗都成了金兵的俘虏。金兵大肆抢掳东京后，又继续举兵南下，企图推倒宋室江山。在国家危难之际，康王赵构被拥立为皇帝，即宋高宗。高宗从海上逃到了会稽，使会稽成了南宋王朝的临时都城。为了励精图治、匡兴宋室，即所谓的"绍祚中兴"，赵构决定用"绍兴"作为自己的年号，并把会稽改称"绍兴"。但后来赵构并没有实现自己的诺言。

元世祖至元十三年（1276年），改绍兴府为绍兴路，辖县和治所均不变。元顺帝至正二十六年（1366年），复置绍兴府，治山阴，辖八县。清设浙江省，省府之下置杭嘉湖、宁绍台、金衢严、温处四道，绍兴府隶属宁绍台道，辖县未变。宣统三年（1911年），并山阴、会稽为绍兴县。1983年7月，设省辖绍兴市。

3. 温州市

温州，简称"瓯""温"，浙江省辖地级市，浙江省区域中心城市之一。温州历史悠久，有2000余年的城建历史。

温州古为瓯地，也称东瓯，唐时始称温州。公元前221年，秦始皇统一中国，划天下为36郡，温州地属闽中郡。唐高宗上元二年（675年），从括州析永嘉、安固两县置温州，这是温州得名的开始。据《浙江通志》引《图经》："温州其地自温峤山西，民多火耕，虽隆冬恒燠。"意思是温州地处温峤岭以南，冬无严寒，夏无酷暑，气候温润，因此称为"温州"。此后，历1300余年至今，州名无改，州境亦无大变。

温州市现下辖4个区，2个县级市，5个县。2016年4月22日，温州获国务院批准成为国家历史文化名城。

■ 福建地名渊源

福建省，简称"闽"，省会福州。地处中国东南沿海，东北与浙江省毗邻，西北与江西省接界，西南与广东省相连，东隔台湾海峡与台湾岛相望。史料《禹贡》记载福建最早属扬州，在周朝为七闽地，春秋以后为闽越地。秦始皇统一中国后，在此设闽中郡。汉时称福建为"闽越国"。唐开元年间设福建节度使，下辖福、建、泉、漳、汀五州，福建是由前两州的名字组成的。宋置福建路；元设福建海右道；明设福建省，后改福建布政使司；清改福建省，省名沿用至今。

福建省现辖1个副省级市、8个地级市，共包括28个市辖区，13个县级市，44个县（含金门县）。

1. 福州市

福州是一座历史文化名城。远在新石器时代晚期，以渔猎为主的氏族

▲ 福建省地图

▲ 福建　福州

部落就在这一带定居。汉高祖五年（公元前202年），因助汉灭楚有功而被复立为闽越王的元诸在屏山麓的冶山修建都城，称为"冶城"或"东冶"（东野）。这是福州筑城的开端。

"福州"一词最早出现于唐代。古时福州因有温泉之胜，曾称"泉州"。至唐景云二年（711年）称"闽州"，并把"泉州"这两个字另移给现在的泉州市。开元十三年（725年）将闽州改为福州，因境域西北有福山而得州名，治所闽县（今福州市）。闽县因为是福州的治所，以后就逐渐被称为福州城了。福州市因为北宋时城内遍植榕树，绿荫蔽城，故被称为"榕城"。元末以后一直为福建省省会。1946年正式设市。

2. 厦门市

厦门，相传远古时为白鹭栖息之地，故又称"鹭岛"，简称"鹭"。晋太康三年（282年）置同安县，属晋安郡，不久裁撤，并入南安县。直到600多年后的五代十国时期的闽国龙启元年（933年）时升为同安县，再次设县，属泉州。宋属平海军、泉州。元属泉州路。明属泉州府。洪武二十年（1387年）始筑"厦门城"——意寓国家大厦之门，"厦门"之名自此列入史册。清顺治七年（1650年）郑成功驻兵厦门，顺治十二年（1655年）置思明州。1935年4月以厦门及鼓浪屿等7个岛屿设厦门市。目前，厦门属于省级市，下辖思明区、湖里区、集美区、海沧区、同安区和翔安区6个市辖区。

3.泉州市

泉州，简称"鲤"，别名"鲤城""刺桐城"。地处福建省东南沿海，北承福州，南接厦门，东望宝岛台湾，辖4区、3市、5县和泉州经济技术开发区、泉州台商投资区。

泉州最早开发于周秦两汉。公元260年始置东安县治；唐开皇九年（589年），改州、郡、县三级制为州、县两级制，改丰州为泉州（今福州），南安郡撤销，晋安县改为南安县，归其管辖。福建历史上首次出现"泉州"之名。唐朝时泉州为世界四大口岸之一，被马可·波罗誉为"光明之城"。宋元时期为"东方第一大港"，曾有"市井十洲人，涨海声中万国商"之盛景。

洪武二年（1369年），福建全省八路先后改为福州、建宁、延平、邵武、兴化、泉州、漳州、汀州八府。改泉州路为泉州府，隶福建行中书省。1951年1月，划晋江县城关和近郊设泉州市。1985年5月，撤销晋江地区，原泉州市升地级市，实行市辖县体制。泉州现下辖鲤城、丰泽、洛江、泉港4个区，代管晋江、石狮、南安3个县级市，惠安、安溪、永春、德化、金门（待统一）5个县。

泉州宗教文化璀璨，素有"世界宗教博物馆"之美誉。联合国教科文组织将全球第一个"世界多元文化展示中心"定址泉州。

4.漳平市

漳平，隶属福建省龙岩市。明洪武元年（1368年），朱元璋称帝。同年，明兵攻克福建，改路为府，共领福州、兴化、建宁、延平、汀州、泉州、邵武、漳州等八府。龙岩县隶漳州府。

成化七年（1471年），福建巡抚据龙岩县民林廷琥等建议奏闻获准，析龙岩县居仁、聚贤、感化、和睦、永福五里置漳平县，属漳州，县名取"邑居漳水上流、千山之中，此地独平"之意。1990年罢县建市，1996年成为省直辖市，由龙岩市代管。

上海地名渊源

上海，简称"沪"或"申"。在远古时期，这里是一片汪洋大海，后由于泥沙沉积逐渐变成了沙滩，最后成了一块新生陆地。

上海春秋属吴。战国先后属吴、越、楚。曾为楚春申君黄歇的封邑。秦汉以后分属海盐、由拳、娄县诸县。唐天宝十年（751年），吴郡太守奏准设立华亭县，上海地区始有相对独立的行政区划。华亭县辖境约今上海地区吴淞江故道以南，川沙—惠南—大团一线以西地区。北宋时期，上海大陆地区分属华亭县和昆山县，崇明地区属海门县。"上海"之称即始于宋代，当时上海已成为我国的一个新兴贸易港口，那时的上海地区有十八大浦，其中一条叫"上海浦"，它的西岸设有上海镇，因建镇的治所在上海浦附近，故有此名。

南宋嘉定十年十二月初九（1218年1月7日）设立嘉定县，上海地区始有两个独立行政区划。

元朝至元十四年（1277年），华亭县升府，次年改称松江府，下辖华亭县。至元二十九年（1292年）上海立县，也辖于松江府。这是上海这一名称的由来。元代后期，上海地区有松江府和嘉定、崇明2州及华亭、上海2县。

明末，此地有松江府及所属华亭、上海、青浦3县，苏州府所属嘉定、崇明 2 县以及金山卫。

清雍正四年（1726年），有松江府华亭、上海、青浦、娄、奉贤、福泉、金山、南汇 8 县，太仓州嘉定、宝山 2 县。到嘉庆十年（1805年），上海地区基本形成 10 县 1 厅的格局，有松江府华亭、上海、青浦、娄、奉贤、金山、南汇 7 县及川沙抚民厅，太仓州嘉定、崇明、宝山 3 县。

1949 年新中国成立后，上海成为直辖市。现下辖 16 个市辖区。

1. 上海简称的来历

上海的简称"沪"和"申"也有来历。

"沪"原是一种捕鱼工具，是竹子编成的。当地人将此工具插入江海中，潮来沉没，潮退露出。鱼随潮而来，退潮时便被"沪"拦住。古时称呈喇叭形向外扩张的水道为"渎"。而当时上海所在的淞江口处正是喇叭形的海湾，所以人们便将到处插有"沪"的又被称作"渎"的淞江口一带称为"沪渎"。而这一带正是上海所在地，所以"沪渎"也成了上海的代称。梁简文帝吴郡石像碑上也有"淞江之下，号曰沪渎"的记载。后来又将"沪渎"简称为"沪"了。

▲ 春申君黄歇

"申"与战国时期受封于此的战国"四公子"之一——楚国春申君黄歇有关。当时的黄浦江还是一条无名之河，河中由于泥沙淤积，河床过高，常常泛滥。黄歇带领百姓进行开浚，筑起了堤坝，使这条河造福于百姓。人们为了纪念他,就将这条河改称为春申江,简称申江。后来,人们便以"申"代称上海。

2. 上海辖县区名称的由来

(1)"崇明县"的来历

东晋末年,孙恩农民起义失败后,起义军的几排竹筏漂浮到了靠近东海的长江口,在江边的泥沙中搁浅。这些竹筏拦住了滚滚长江带来的泥沙,逐渐形成了一个沙嘴。这片沙嘴尚没完全露出江面,随着江水海潮的涨落,时隐时现,给人一种神秘之感。人们说它既像怪物又似神仙,既"鬼鬼祟祟"又"明明显显",于是便给它取名"祟明"。

后来这片沙嘴泥沙越积越多,变得又高又大,完全露出了水面,形成一个小岛,再也不受潮涨潮落的影响了。人们见其气势壮观,已不再将其视为怪异,并产生了一种崇敬之情,于是便把"祟明"改称为"崇明"了。

(2)"金山区"的由来

"金山"一词源于"海中的大小金山"之意。明朝以前,这里称小官镇。明朝时,为防倭寇骚扰,开始在这里筑建卫城,因卫城与海中的大小金山相对,故取名"金山卫"。到了清朝雍正年间,在这里设县时,便取用了"金山"之名。

(3)"奉贤区"的由来

其名是"崇奉贤人"之意。此名源于孔子的弟子子游。子游名言偃,是吴(今常熟)人,是孔子七十二贤人之一。他是孔子七十二贤人中唯一的南方人,人称"南方夫子"。相传,他曾来奉贤讲过学。后人为纪念这位贤人,曾在城中城隍庙旁为他建了言子祠,后来建县时,便用了"奉贤"之名。

（4）"青浦区"的由来

青浦区古时称青龙镇，因境内有青龙江而得名。三国时，因东吴孙权曾在这里的河流上大建青龙战舰，建设军事要塞，而使河流得名青龙江。后在此建镇时，便取名"青龙镇"。青龙镇到唐朝时，已成为重要的贸易港口。曾经有一幅画描绘了当时繁华的贸易情景。明朝在此置县时，取意于青龙镇，定名为"青浦"。

（5）"宝山区"的由来

"宝山区"得名于一座人造山。唐朝时期，在这里堆土成山，当地人们认为，这是得神灵相助造起的山，对其十分崇敬。到了明朝，又在此山上修建了航海标志，对航海贸易起了重要作用。人们认为这些好处都源于此山，故称其为"宝山"。清朝雍正年间在此设县时，沿用了"宝山"之名。

■ 台湾地名渊源

"台湾"一名，源于"西拉雅族的台窝湾支族"。台湾，春秋战国时期称"岛夷"；秦朝称"瀛州"；三国时称"东夷"；隋至元时称"瑠求"；唐宋均为化外地；元时在澎湖设巡检司，兼管台湾渔民；明万历年间正式在公文上出现"台湾"一名，后为荷兰所占，明末郑成功收复，设东宁省及承天府，后设台湾府及台厦道，是为台湾得名的开始，并正式称台湾岛，后改台厦道为台湾道。光绪十一年（1885年）设台湾省。后为日占，仍称台湾。民国收复，恢复台湾省，省名沿用至今。

1. 台湾地名与闽南的渊源

自古以来，海峡两岸人民就有着血浓于水的亲情关系。早在2000

多年前，就有大陆先民入台繁衍生息。而在这些大陆先民中，以闽南人居多。

台湾原是个荒岛，本岛上住的台湾原住民，俗称为"山地人"，即现在的高山族同胞。从大陆迁移台湾的闽南等地先民，与当地的高山族同胞一道以勤劳的双手开荒拓地，开发矿藏和其他资源，逐步建立村庄和城镇，使台湾变成一座美丽富庶的宝岛。仅从台湾的地名，就可以看出台湾与大陆尤其是闽南的渊源关系，是何等的密切。

大陆人迁徙台湾后，为缅怀自己的家乡，以冠友好往来地名或冠籍贯地名作为自己发祥地名来纪念。闽南人对于宗亲血缘关系和同乡地缘关系，一向是比较重视的。它同所有的精美文化内涵一样，随着大陆移民的拓殖台湾步伐，能极为醒目地表现自己亲缘、地缘关系的无过于用"冠姓地名"和"冠籍地名"。冠姓地名，是大陆移民血缘结合的象征；而冠籍地名，是大陆移民以地缘结合的具体表现形式。

据台湾出版的《唐山过台湾》一书记载：台湾共有百余个姓氏，有40多个地方用姓氏命名，分布于台北、彰化、台中、台南、高雄、基隆、屏东等22个县、市，共100多个地方。闽南有"陈林半天下"之说，仅台北市叫陈厝、林厝的地名就有9处之多。其他姓氏也不少，如卢厝、何厝、洪厝、粘厝、刘厝等。这些以姓氏为冠姓地名的大陆移民，其中大多数是闽南人，因为从大陆移民台湾，来到人地生疏的地方，需要有同宗同族的人能够互相帮助，真诚相待。一旦邂逅相遇，只要得知彼此姓氏相同，都会无比亲切地呼为"本家""阿同"，或说"同咱厝人""同咱兜（家乡）人"。这种传统的亲情观念，久而久之，便形成了一个个宗族群体，并取大家共同的姓氏命名村落，以便代代相传。

闽南人有较浓厚的乡土观念。他们不仅用祖地的地名来给新开发的地方命名，而且还保留了家乡的民情和风俗习惯。

《唐山过台湾》一书还记载：台湾用台胞祖籍地命名的地方有100多处。福建的地名有51处，其中多数是闽南的地名，如泉州厝、漳州厝、漳州寮、安溪寮庄、同安厝庄、南靖里、长泰里、长泰三村、诏安里、去霄厝、平和里等。彰化县以闽南地名命名的就有泉州寮、同安寮、同安宅、诏安厝、福兴村等20多处。台湾有许多地名与闽南的地名叫法也都一样。如台中县的大甲镇有个"德化里"，是闽南德化县人初到台湾的立足之地，故以"德化县"命名。台湾连姓祖籍地长泰县枋洋镇江都村，自宋代初至明清两代，就有不少连姓族人到台南定居，他们把祖籍地的石仓、溪洲、双溪等村名作为他们移居台湾后的村名，就连台湾连氏祖祠堂"瞻依堂"也与江都连姓祖祠堂一样，保持了家乡的建筑风格。毫无疑问，现今台湾居民中有一大部分人的祖籍地在闽南，他们仍然讲闽南话，生活中保留着闽南的风俗习惯。由此可见，闽台关系历史悠久，渊源深远。

▲ 郑成功

2. 台北

台北，简称"北"，又称北市。台北历史悠久，历史遗迹众多，于旧石器时代晚期即有人类居住。根据记载，台北城区原为一片沼泽密林，最早为原住民中凯达格兰人（属于平埔族）的生活地，明代初期开始有汉人来到此地。从17世纪初西班牙人占领台湾北海岸开始，历经荷治时期与郑氏王朝，到清代初期以前，此地均荒芜而未有大规模开拓，被统治者视为化外之地。

郑成功收复台湾后，实行"寓兵于农"的政策，派兵来此开荒。清康熙四十七年（1708年），福建移民在此建村定居，曾有大佳腊、莽甲、莽葛、文甲等名称。1709年，泉州人向台湾府诸罗县申请开垦大佳腊地方，成为台北盆地开垦活动的开端。光绪元年（1875年），钦差大臣沈葆桢在此建台北府，"台北"因此得名。1894年成为台湾省会。

 知识链接

中国古代特殊的地理称谓

1. 江东

一名江左。长江在芜湖、南京之间作西南偏南、东北偏东流向，隋唐以前是南北往来主要渡口的所在地。自此以下的长江南岸地区（即今苏南、浙江及部分皖南地区），习惯上称为"江东"。三国时这个地区是孙权的根据地，所以当时又称孙吴统治区为江东。

2. 江表

泛指长江以南地区。在中原人看来，该地区在江外，故称"江表"。《赤壁之战》中鲁肃所称"江表英豪"，即指东吴的英雄豪杰。

3. 江南

泛指长江以南。古代一般指今湖南、江西及湖北的江南部分，近代专指今苏南和浙江一带。唐代"江南"又为十道之一，辖境相当今浙江、福建、江西、湖南等省及苏皖二省的长江以南，湖北、四川省江南的一

部分，以及贵州省东北部地区。宋代是十五路之一，辖境相当今江西及安徽省长江以南和江苏省江南茅山以西地区。

4. 河东

战国至汉时指今山西省西南部，唐以后泛指山西省。因黄河经河套后，流向由北向南，本区地处黄河以东而得名。秦代开始设河东郡，唐代设河东道，宋代设河东路，除唐代河东道包括今山西省及河北省西北部内外长城之间，其他辖境均在今山西省内。

5. 东吴

三国时孙吴因地处江东（指芜湖以下的长江南岸地区），所以又叫"东吴"。古代亦泛指太湖流域全境，或专指旧苏州府。

6. 关外

（1）秦、汉、唐定都陕西的王朝，称函谷关或潼关以东地区为"关外"。

（2）明清称今辽宁、吉林、黑龙江三省为关外，因地处山海关以外得名。

7. 关内

（1）古代在陕西建都的王朝，通称函谷关或潼关以西王畿附近叫"关内"。

（2）明清称山海关以西地区为关内。今四川省康定县以东地区亦称关内。

8. 关西

汉、唐时泛称函谷关或潼关以西地区为"关西"。

9. 西陲

殷周时对西方边地的泛称，相当今甘肃省东南部一带。

10. 中原

狭义的"中原"是指今河南省及其附近地区，广义的中原是指黄河中下游地区，或指整个黄河流域，和中土、中州是同义词。陆游《示儿》：

"死去元知万事空,但悲不见九州同。王师北定中原日,家祭无忘告乃翁。"诗中的"中原",系指淮河以北沦陷在金人手中的地区。

11. 秦中

相当今陕西中部平原(渭水流域)地区,因春秋战国时属秦国而得名。又名关中。白居易《秦中吟》之秦中,即指陕西中部平原地区。

第三节　华南地区地名渊源

华南地区，简称"华南"，是中国七大地理分区之一。包括广东省、广西壮族自治区、海南省、香港特别行政区及澳门特别行政区。

■ 广东地名渊源

广东，简称"粤"，省会广州。广东，名起于"广南东路"的简称。辖区汉初为南粤之地，故简称"粤"。唐属岭南道；宋以旧广州辖地置广南东路，简称"广东路"，为"广东"得名之始；元设海北广东道；明置广东省，后改广东布政使司；清改广东省，省名沿用至今。

广东是岭南文化的重要传承地，在语言、风俗、生活习惯、历史文化等方面都有其独特风格。

现下辖21个地级市（其中2个副省级城市），119个县级行政区（60个市辖区、20个县级市、36个县、3个自治县）。

▲ 繁华的广州市

1. 广州市

广州，简称"穗"，广东省省会。别称"羊城""花城"，古称"任嚣城""楚庭""番禺"。广州早在5000多年前就有人类生活，是古越文化的发祥地之一。商代称南越。周代有白粤、扬粤、南海等名称。周夷王时始成聚落，名楚庭，至今已有2800多年历史。从秦朝开始，广州一直是郡治、州治、府治的行政中心。两千多年来一直都是华南地区的政治、军事、经济、文化和科教中心。三国时为东吴辖地。黄武五年（226年），划交州东部为广州，州治番禺。广州之名始于此，辖境相当于今广东广西大部分地区。唐代为岭南道治所，并设中都督府，因而有"广州府"之称，为中国第一大港。宋代为广南东路治所；元代为江西行省的广州道和南海路治所；明代起为广东省省会；明清时期，广州成为中国唯一的对外贸易大港，是中国海上丝绸之路最重要的港口，有"千年商都"之称。加上外国人士众多，也被称为"第三世界首都"。1921年正式设立广州市。

广州是国家历史文化名城，是岭南文化分支广府文化的发源地和兴盛地之一。

"羊城"这一别名源于一个传说。相传在很久以前，有五位身着不同服装的人，各骑一只毛色不同的羊，带着各茎有六重穗的谷种来到珠江边，把谷种分给勤劳的人们播种。谷子年年丰收，人口也越来越多，逐渐形成了人口稠密的城镇，这就是今天的广州。因此，人们便把广州称作"五羊城"或"羊城"，也简称"穗"。

2. 佛山得名

佛山，简称"禅"。古称"季华乡""忠义乡"。"肇迹于晋，得名于唐"。据考证，佛山的历史起源于现禅城区澜石街道区域，距今4500～5500年。东晋隆安二年（公元398年），剡宾国的三藏法师达毗耶舍带了两尊铜像来到季华乡，在塔坡岗上（即今塔坡街）建佛寺，传播佛教。他回国后，随着时间推移，寺宇倒塌。

到了唐代，这里变成了一片岗地。唐贞观二年（628年）某日，塔坡岗上异彩四射，乡人奔走相告。于是人们便齐聚起来，在塔坡岗上发掘，竟掘出三尊铜佛，搬开佛像，便有一股清泉涌出。根据碑文记载，得知东晋曾有罽宾国僧人达毗耶舍在此讲经及建过经堂的事情。于是乡人建井取水，并在岗上重建塔坡庙寺，供奉三尊铜佛。人们认为这里是佛家之山，于是将季华乡更名为"佛山"。

这就是佛山地名的由来。后来，世人传诵着这样一句谚语："未有佛山，先有塔坡"。

相传，远在唐朝贞观二年（628年），有人在佛山一座寺的经堂后面，掘出三尊铜佛和一块石碑，石碑上刻有"塔坡寺佛"四个大字，两侧还有一副对联：

胜地骤开，一千年前，青山是我佛；
莲花极顶，五百载后，说法系何人？

因此，人们才知道这座寺庙原来叫"塔坡寺"，并且把这座寺的所在地叫作"佛山"。

佛山是我国四座古代名镇之一，与朱仙镇、景德镇等古镇齐名。在这座古镇，有一座金碧辉煌，规模宏大的古庙，叫作"祖庙"。它是广东省重点文物保护单位，也是广东省名胜之一，常年游客络绎不绝。在这座古庙的大门口，挂有一副红底金字的对联："风势涌出三尊地，龙气生成一洞天。"这副隶书对联，对仗工整、笔力苍劲，相传是明朝吏部尚书李待问的手笔。但下联却不是他所作，而是当时祖庙门口一位补鞋匠所拟。

还有一个传说。从前南海县有个秀才，路过韶关，驻脚期间，偶然去韶关诗社,见到诗友们正在吟诗作对,好不热闹。他心头一热,也凑热闹,出了一上联请诗友们答对:佛山香敬香山佛。这是一句很工整的回文联,正读反读,意思一样,"佛山""香山"(现在的中山)是珠江三角洲地名,属专有名词,七字之中就有三个字相重,只有一个"敬"字不相重,准确地表达了用一处香敬另一处佛的意思。要答对得上,答对好这一上联,难度很大。韶关诗社的诗友们苦思冥想,一时果然无人能答对。但是,心专石穿,后来终于对答出来了:翁源乳养乳源翁。"翁源""乳源"同是韶关地区的两个县名,正读反读,意思一样,用一处乳养另一处老人,文理通顺,对答得十分工整。

3. 深圳市

深圳,别称"鹏城"。深圳的经济特区发展只有30多年,但却有着6700多年的人类活动史,新石器时代中期就有原住居民百越人等繁衍生息在深圳这片土地上。深圳有1700多年的郡县史,600多年的南头城、大鹏城史和300多年的客家人移民史,深圳的城市史已有约1700年。

夏、商、周时期,深圳是百越部族远征海洋的一个驻脚点。居住在深圳沿海沙丘谷地区域的百姓,是百越部族的分支——"南越部族"。他们以捕鱼、航海维生,甚少农垦。

秦始皇统一中国后,于公元前214年在岭南设置了南海、桂林、象郡三郡,谪徙秦国人50万人开发。时属南海郡(郡治广州)的深圳,便融

▲ 中英街

入了秦代的中原文化，后为南越国地。大汉帝国、东汉属于交州（管辖广东、广西、越南大部）南海郡。西汉设郡前属越地、南粤地（南越地）。

深圳市最早为广州宝安县，宝安作为县建制始于东晋咸和六年（331年）。朝廷置辖地六县的东官郡，辖地大概为今天的深圳市、东莞市和香港等范围。郡治在宝安县（南头）。

深圳在宋朝时期是南方海路贸易的重要枢纽，属于广州香山县。盛产食盐、香料。至元朝，又以盛产珍珠而闻名。

元代隶属广州路，明代隶属广州府，深圳市的前身又曾名为"新安县"。公元1573年，中国明朝政府扩建东莞守御千户基地，建立新安县，并建县治于南头，辖地包括今天的深圳市及香港区域。

明洪武二十七年（1394年），在今深圳境内设立了东莞守御千户所及大鹏守御千户所。有600多年历史的南头古城，曾是晚清前深港澳地区的政治中心。

清代隶属广肇罗道广州府。1842年7月至1898年4月期间，清政府与英国相继签订《南京条约》《北京条约》和《展拓香港界址专条》，港岛、九龙和新界割让、租借给英国。至此，原属新安县的3076平方公里土地中，有1055.61平方公里脱离其管辖，深圳与香港从此划境分治。

1979年3月，中央和广东省决定把宝安县改为深圳市，受广东省和惠阳地区双重领导；11月，中共广东省委决定将深圳市改为地区一级的省辖市。目前，深圳下辖6个行政区和4个新区。

在香港与深圳的中英边界上，有一个独特的小市镇"沙头角"，镇上"华界"和"英界"的中间，是一条古老而又带有神秘感的街道——

"中英街"。其独特之处是名副其实的"一街两制"：街道两边居民有各自的制度和生活方式，近百年来他们自由往来，和睦相处。

中英街是一条繁盛的街道，街道的路心有一列石碑，石碑上向华界的一方刻有中文字，向英界的一方刻有英文字。中文字刻的是："光绪二十四年，中英地界。""中英街"的名称就是源于"中英地界"的建设。1997年7月1日，香港回归，"中英街"仍沿用至今。

4. 中山市

中山市地处广东省珠江三角洲南部，原名"香山县"。1925年4月，为纪念伟大的革命先行者孙中山先生，广东政府将该县（孙中山生于该县翠亨村）改为"中山县"。1983年设中山市。

5. 虎门镇

关于"虎门"地名的由来，有一个传说。

相传，很久以前广东沙角西南面是南海龙王经常出没之地。一天，龙王的小女儿亚娘，独自跑到大陆海滩上玩耍，并向西游至莲花山。谁知此山住着一只老虎精，时值有孕，正四处觅捕食物，一见亚娘，便猛扑过去。亚娘吓得魂飞魄散，飞步回跑。龙王被惊动，马上带上鱼虾二将奔出龙宫。此时，亚娘生命危在旦夕。鱼将虾将用神棍将老虎击死。老虎受伤时，生下一个死胎，可龙王仍不放心，惧其死而复活，使用金锁一把，将老虎与死胎锁在江中，成了横卧珠江的两座山岛。后人便称为"大小虎山"。大小虎山横卧江上，恰似两个看门的卫士，"虎门"也由此得名。

■ 广西地名渊源

广西壮族自治区，简称"桂"，首府南宁，是中国唯一一个沿海自治区。广西壮族自治区，通称广西。截至目前，全区下辖有14个地级市。

广西得名于岭南西道、广南西路，是岭南文化传承的主要地区之一，又因境内大部分地区属于秦统一岭南设置桂林郡而简称"桂"。春秋战国时期，广西属百越的一部分。1363年，元设置广西行中书省，为广西建省之始。明设广西省。民国时期，广西沿袭清制设省，后改广西布政使司；清改广西省。1958年3月，广西省改为"广西僮族自治区"；1965年10月，"广西僮族自治区"改名为"广西壮族自治区"。

1. 南宁市

南宁，简称"邕"，别称"邕城""绿城""五象城"，古称"邕州""南晋州"。南宁市现下辖7区5县，共84个镇、15个乡、3个民族乡、22个街道。

南宁市在秦代为桂林郡辖地。东晋大兴元年（318年）设置了晋兴郡，郡治在宣化（1324年），"邕州路"易为"南宁路"，治所仍在宣化，"南宁"便得名于此。1949年设市，次年成为广西首府，直至今日。

地处南宁市东南面约5公里处的青秀山风景区是南宁的旅游胜地，南临邕江，是国家4A级旅游区。包括凤凰岭，凤翼岭和青秀山，海拔高度82~189米。景区内山峦起伏，群峰叠翠，山上绿树成荫，四季常绿，且泉清石奇，被誉为"南宁市的绿肺"。青秀山又名青山、泰青岭。古"邕州八景"

▲ 南宁青秀山风景区

之一。素以"山不高而秀，水不深而清"著称，因林木青翠，山势秀拔而得名。山上林木茂盛，遮天蔽日，清风吹过时，发出海涛般的声浪，形成青山著名景观——青山松涛。青秀山自东南连

▲ 漓江蓝湾

亘西北，与凤凰岭、铜鼓岭、凤翼岭相连，雄奇秀拔，古树参天。山上有岩有洞，岩幽壁峭，泉水甘冽。自宋开拓，建白云、万寿、独孤诸寺。有纪念御史王守仁在南宁办学之德，于崖壁刻"阳明先生过化之地"；有为董传策而筑的"洞虚亭""白云精舍"和"董泉亭"，后建有龙象塔、俩宜亭、盼鸥亭、浩浩亭、真经阁、竹味精舍、青秀山房、步云门、云天阁等亭台楼阁；还有海天一览、塔影凌虚、狮林、荷花伴月、翠屏飞瀑、子夜松风、泰青远眺、山间花港、古榕抱石、千步廊等风景名胜景点。

2. 桂林市

桂林是中国首批国家历史文化名城、中国优秀旅游城市、世界著名旅游城市，其境内的山水风光举世闻名，享有"桂林山水甲天下"的美誉。

在距今约一万年前，这里即有人类活动的痕迹。夏商周时期这里是"百越"人的居住地；公元前214年，秦始皇再次设置桂林、象郡、南海三郡，这是"桂林"名称的最早起源。但郡治不在今天的桂林市，当时的桂林郡治在布山，地处今天的桂平市西南；汉元鼎六年（公元前111年）此处这里设始安县，隶属荆州零陵郡。东汉改属始安侯国；

曹魏甘露元年（265年），置始安郡始安县，郡县治所都在今之桂林。南朝时改为桂州；隋唐时属岭南桂州总管府。唐武德四年（621年）李靖修城于独秀峰南；宋太宗至道三年（997年），广南路分为广南东路和广南西路，东路治所在广州，西路治所在桂州。元属广西静江路。明清时期均属广西桂林府。

1911年为广西政府驻地。1940年始设桂林市。1958年改称广西壮族自治区桂林市，辖桂林城区和郊区。桂林市现辖6个市辖区、9个县、2个自治县。

桂林市最具有代表性的景点有漓江蓝湾、象鼻山、伏波山、南溪山、尧山、独秀峰、七星岩、芦笛岩、甑皮岩、冠岩、明代王城、靖江皇陵、榕湖、杉湖、木龙湖等。

3.柳州市

柳州市地处广西壮族自治区中北部，有"三江四合，抱城如壶"的地势形态，故称"壶城"。又叫"龙城"，龙城的名字源于南朝梁。柳州是山水景观独特的国家历史文化名城，从建城至今已有2100多年的历史。

柳州是南中国古人类"柳江人"的发祥地。先秦时期，柳州属百越之地，有西瓯、骆越等百越分支。

汉元鼎六年（公元前111年）冬，汉朝将领路博德平定南越国，在岭南设置南海、苍梧、郁林、合浦、交趾、九真、日南、儋耳、朱崖9郡，在柳州设置潭中县，属郁林郡，为柳州建城之始。

唐贞观八年（634年）以州境内柳江更名为柳州。天宝元年（742年），改名为龙城郡。乾元元年（758年），龙城郡复名为柳州，并沿用至今。

宋代，柳州属广南西路，咸淳元年（公元1265年），移治柳城，即今柳城县旧柳城。

元代，至元十六年（1279年），柳州改为柳州路，置总管府。

明代，明洪武元年（1368年），柳州更名柳州府，隶属广西等处承宣布政使司。

清代，柳州府隶属广西省，初领马平、洛容、柳城、罗城、怀远、融、来宾、武宣、上林、迁江等10个县以及宾、象等2个州。

1949年12月19日，柳州市人民政府成立，为柳州专区辖市。1961年11月25日，柳州市改由自治区直辖。柳州市现下辖5个市辖区（城中区、鱼峰区、柳南区、柳北区、柳江区）、3个县（柳城县、鹿寨县、融安县）、两个自治县（融水苗族自治县、三江侗族自治县）。

■ 香港地名渊源

香港，简称"港"，全称"中华人民共和国香港特别行政区"，别名"香江""香岛"。地处珠江口以东，南海沿岸，北接深圳，西连珠江，与澳门、珠海市以及中山市隔着珠江口相望，其余两面与南海接邻。

香港是全球高度繁荣的国际大都会之一，全境由香港岛、九龙半岛、新界等三大区域组成。

新石器时代，香港地区已经有了人类活动。秦始皇统一中国后，公元前214年，派军平定百越，置南海郡，把香港一带纳入其领土，属番禺县管辖。汉朝香港隶属南海郡博罗

▲ 1997年香港回归

县。东晋咸和六年（331年）香港隶属东莞郡宝安县。唐朝至德二年（757年），改宝安县为东莞县，香港仍隶属东莞县。宋代以前，这里是海上渔民捕鱼歇息的地方。宋元以后，岛上有个小村，叫"香港村"，为转运南粤香料的集散港，香港由此得名。1842年，中英签订《南京条约》，割香港岛给英国，成为英国殖民地；"二战"后的香港经济和社会迅速发展，东西方文化在此交汇，成为"亚洲四小龙"之一。1997年7月1日，中华人民共和国正式恢复对香港行使主权，成为中国特别行政区之一。

1. "香港"一名的由来

关于"香港"一名的由来，有四种说法：

一说法来自"香江"。据说早年岛上有一溪水自山间流出入海，水质甘香清甜，只为附近居民与过往船供应淡水，称为"香江"，由香江出海的港口也就称为"香港"。香江故址在今薄扶林附近，已不复存在，但"香江"却成了香港的别名。

另一说法来自"香姑"。传说香姑是一个女海盗，生活在香港岛，于是该岛被称为香姑岛，简称香岛，后来演变为"香港"。

还有一说法源于"红香炉"。传说很久以前，海上漂来了一个红香炉，落在天后庙前，居民以为天后显灵，便把红香炉供奉在庙中。岛上有个山也称为红香炉山。后来把这地方叫作"红香炉港"，简称"香港"。

较有根据的一种说法是与香树、香市有关的。香树生长于广东沿海及越南北部，以东莞、新安等县为多，香港沙田及大屿山亦有种植。香树长高至二十尺时，割出树液，就可制成"香"，是多种香制品的原料，可作供神和上贡的佳品，"莞香"闻名全国。明神宗万历元年（1573年）以前，香港一带均属东莞县，沙田、大埔一带是"莞香"的著名产地。

因香产丰盛，这里的香市贸易也十分发达。香产品多数先运送到九龙的尖沙咀，再用"大眼鸡"船运至石排湾（即今日的香港仔）集中，然后转运往中国内地、南洋以至阿拉伯国家。故尖沙咀古称"香埠头"，石排湾这个转运香料的港口，也就被称为"香港"，附近的村庄也被称为"香港村"。后来，"香港"一名被扩大应用于全岛。

2. 香港岛

香港岛，简称港岛，香港第二大岛屿，是香港辖区内唯一离开大陆的岛。

香港岛是香港开埠最早发展的地区，岛上有香港的商业和政治中心。香港岛与九龙半岛之间的海港维多利亚港是以前进出香港的贸易船只停泊的港口。而广义上的香港岛地区，亦包括鸭脷洲、大小青洲、熨波洲、银洲等附属岛屿。

香港岛的北面有几条繁华大街，如皇后大道、德辅道、干诺道等。由于土地少，又多山丘，所以这些街道都是经过劈山和填海建成的。香港岛南部有著名的深水湾、浅水湾，这里是香港的主要旅游区和高级住宅区。香港岛的中部是香港最繁华的地方，也是香港特区政府机关所在地。

3. 九龙半岛

九龙，地理上称为九龙半岛，为香港的三大区域之一，是除了香港岛以外市区的主要组成部分。九龙半岛东南西三面被维多利亚港包围。九龙与一海之隔的港岛一样，是组成香港繁盛的市区中不可或缺的一部分。其中，以尖沙咀、油麻地及旺角（简称油尖旺）最具盛名。

4. 新界

关于"新界"名称的来源，1898年，英国从中国强行租借了广东省新安县境内由九龙界限线以北，至深圳河以南土地，连同附近233个岛屿，为期99年，到1997年为止。由于新租借的土地并没有统一名称，可指为"新的租界"之意，简称"新界"。

新界是香港三大地理分区之一，香港特区面积最大的部分。新界丘陵起伏，是全区地势最高的地方。

澳门地名渊源

"澳门"地名最早见于明朝史书，叫作"蚝镜"（濠镜），此后还有"濠江""海镜""镜湖"等多个别名。大概是因四五百年前，本地蚝产丰富，南北两海湾，水静湾圆，犹如明镜也。后来因诸番求蚝，船只增多，形成泊口，即外国船只停航寄泊的地方，所以又称作"澳"，全称"蚝镜澳"。因地属香山县，亦称"香山澳"。

至于今名"澳门"，其由来有多种说法：一说法"门"是中国内河通往海洋的海峡总称，本地内港的妈阁庙，隔海同湾仔的银坑相望，形成的海峡像门；一说法本地南面对开的凼仔、小横琴、路环、大横琴四岛离立对峙，海水贯流其间，呈"十字门"状，所以亦有"十字门"之称；又有一说法本地南台山（妈阁庙山）和北台山（莲峰山）两山相封成门。总之，既是"澳"，亦有"门"，便称"澳门"了。

澳门与香港街道名称都有外来印记，但香港街名通常三四个字，如轩尼诗道、骆克道，简短易记；而澳门街道一些源自葡文的名字则冗长拗口，大异其趣。

1. 长街名的澳门特色

以前澳葡政府通常将葡文路名音译成中文，生硬晦涩，让人一头雾水。

如游客必到的新马路，路牌上的正名是"亚美打利庇庐大马路"，"新马路"打上括号注于其下。其他类似如"亚卑寮奴你士街""沙嘉都喇贾罢丽街"等，还有一条叫"路义士若翰巴地士打街"的小巷，街名主体多达十个字。

▲ 澳门提督马路

由于澳门对以人名命名的道路喜欢加上称谓，如"博士""总督"等，又喜欢把稍宽点的路叫"大马路"，组合在一起就更长了。对那些长街名，澳门居民要么起了中文别名，要么予以简称，像"罅些喇提督大马路"就被简称为"提督马路"。

2. "卖草地街"不卖草

澳门居民自己起的地名则简单直接，且极具浓重的历史文化气息。

"卖草地街"如今不卖柴草，成了大三巴下游客熙攘的购物街；"营地大街""兵营斜巷"也看不到士兵了；"渔翁街"不见渔翁，满街都是汽车行。路环街区有一条仅容一人通过的小巷"咸虾巷"，一想到百年前这里内港曾渔船密布，仿佛可以闻到空气中鱼虾的腥味。

还有些非街道类的地名也很有趣。比如"荷兰园"，据说是17世纪关押荷兰战俘的地方；如今居屋密布的"雀仔园"，是因当年这里鸟雀多，引得人们前来捕雀而得名。

还有个地方叫"劏狗环"，"劏狗"即杀狗，在松山灯塔脚下，可能是因为以前附近居民有吃狗肉的习惯。

3. "前地"人气旺

澳门有20余处"前地",这个称呼翻译自葡文,指"某建筑前较开阔的空地"。最有名的"前地"当属"议事亭前地",在民政总署前面,而民政总署所在处正是当年的议事亭旧址。

议事亭前地空间开阔,古迹、商家众多,很受游客和市民的欢迎。平时很多民俗、艺术活动也在这里上演,每逢重大节日这里更是张灯结彩。

金沙娱乐场前面有个喷水池,过去称作"蒙地卡罗前地"。

大三巴牌坊附近的"贾伯乐提督圆形地"则是一个街心小花坛,这个圆形花坛居然辐射出7条小巷,世界少有,堪称一绝。

"圆形地"也来自葡语,指"处于路口中间",类似内地所说的"环岛"。俗称"三盏灯"的"嘉路米耶圆形地"辐射出五条街道,终日人来车往,这里也是市民闲聚和举办各类社区活动的地方。

■ 海南地名渊源

海南,简称"琼",别称"琼崖""琼州",省会海口,地处中国最南端。现下辖4个地级市、5个县级市、4个县、6个自治县、8个区、218个乡镇(含街道办事处),其中21个乡、175个镇、22个街道办事处。因其地处南中国海域,境内最大岛屿又称"海南岛",故名"海南省"。因秦后称这一带为"琼台""琼州"或"琼崖",故简称"琼"。

据明《正德琼台志》中载,海南岛在唐虞三代为"南服荒缴",在秦代为"越郡外境"。这说明海南岛在当时为祖国辖区荒远的边界。公元前110年,中央政府在海南岛设置珠崖郡、儋耳郡,属交州刺史管辖，标志着海南正式纳入中国版图。唐属岭南道；宋属广南西路；元设海南海北道，是为海南得名的开始。明代海南设琼州府，领儋、万、崖3州10县；清代海南建制仍沿袭明代，正式称琼崖为海南岛；民国后设海南特别行政区，仍属省；新中国成立后设海南行政区，仍属省，1988年又设为海南省，省名沿用至今。

1. 海口

海口，别称"椰城"，海南省省会。地处海南岛北部，北濒琼州海峡，是海南省政治、经济、科技、文化中心和最大的交通枢纽。

海口起源于汉代，开埠于宋末元初。历史上隶属琼山县，名称沿革有宋代的海口浦，元代的海口港，明代的海口都、海口所、海口所城，清代的琼州口等。秦末属南越国，汉武帝元鼎六年（公元前111年），海口地属珠崖郡，属交州刺史管辖，三国时期属广州，西晋时，属交州。隋属扬州。唐属岭南道，后属南汉，宋属广南西路，元时先后隶属湖广等处行中书省、海北海南道宣慰司、广西等处行中书省。明太祖洪武二年（1369年）以后隶属广东省。自北宋开埠以来，海口已有近千年的历史。

海口于1926年12月9日建市。1988年，海南建省办经济特区，海口成为海南省省会。2002年，海口、琼山两市合并，海口的发展也随之翻开了新的一页。

海口市现下辖秀英、龙华、琼山、美兰4个区（县级）；设21个街道、22个镇、183个社区、248个行政村、2143个自然村。

2. 三亚

三亚，别称"鹿城"，又被称为"东方夏威夷"，地处海南岛的最南端，位居中国四大一线旅游城市"三威杭厦"之首，拥有全岛最美丽的海滨风光。

三亚历史悠久，早在秦始皇时期设置的南方三郡，崖州就是其中之一的象郡。西汉元封元年（公元前110年），正式列于中国版图。隋设临振郡，唐代改为振州。宋代时成为中国最南端的地级规模的州郡。因其远离帝京、孤悬海外，自古以来三亚一直被称为"天涯海角"。唐代宰相韩瑗、名僧鉴真，宋代名相赵鼎、大臣胡铨和纺织家黄道婆等先后来过崖州（现崖州区），对三亚的经济文化交流和发展作出了重要的贡献。

清光绪三十一年（1905年），升崖州为直隶州，领万安、陵水、昌化、感恩四县。

1912年，废直隶州，设崖县；

1949年至1950年，为榆亚特区；

1950年4月崖县解放，成立县人民政府；

1964年6月恢复三亚镇建制；

1984年5月19日经国务院批准撤销崖县设立三亚市；

2015年1月2日，三亚市"撤镇设区"新设立的四个区，天涯区、海棠区、吉阳区和崖州区正式挂牌成立。

知识链接

四大名镇的名称由来

1."景德镇"的由来

"景德镇"名起于北宋景德年间，"景德"为宋真宗的年号。相传，当时有一种釉色介于青白瓷之间的"影青瓷"，进入了"青如天、明如镜、

"薄如纸、声如罄"的艺术境界，在同类产品中首屈一指，并出现了一大批世代相传的能工巧匠，有"取之不尽，用之不竭"的瓷用原料燃料，加上一条横贯城区的昌江，水运十分方便。皇帝便下诏谕，改"昌南镇"为"景德镇"。

▲ 景德镇

2. "佛山镇"的由来

佛山镇地处珠江三角洲平原。相传这里有一名叫"塔波岗"的土丘，每到深夜便发出异彩，活像宝石垒成的山。人们诧异之余，掘地三尺，挖出三尊铜佛像，从此，"佛山"之名就传开了。

3. "朱仙镇"的由来

"朱仙镇"以朱亥旧里故名，"为水陆舟车会集之所"。它作为"我国四大名镇"之一而闻名全国，乃是在元代开通贾鲁河之后。

4. "汉口镇"的由来

汉口镇则因地处汉水入口处而得名。原称"夏口"，亦称"沔口"，是武汉三镇中商业最发达的一个镇，这里曾出现过"十里帆樯依市立，万家灯火彻宵明"的繁荣景象。

第四节　华北地区地名渊源

华北地区，简称"华北"，是中国七大地理分区之一。包括北京直辖市、河北、山西、天津直辖市与内蒙古自治区。

■ 北京地名渊源

北京曾为春秋战国时燕国的都城；辽金是将北京作为陪都，称为"燕京"；金灭辽后，迁都于此，称"中都"；元代改称"大都"；明成祖朱棣从南京迁都于此，改称"北京"，名称一直沿用至今。1949年设为直辖市，取全称中的"京"字作为简称。

1. 北京曾用过的那些名称

历朝历代都将北京视为重镇加以治理和保护，并不断改变着它的名称。有人统计过，北京城的各种名称多达60多个。

史料上记载，北京地区上古时称"幽陵"；夏朝时称"冀州"；周朝时称"蓟"；春秋战国时是燕国的都城，故称"燕京"；秦置广阳、渔阳；西汉设"幽州"；东汉为广阳、

▲ 马可·波罗

蓟县；北魏称"燕都"；隋改"涿郡"，京杭大运河的北端就从这里开始；唐改称"范阳"，安史之乱时，安禄山就是从范阳起兵的；唐以后又一度复称"幽州"；辽建都在上京，把这里作为陪都称"幽都"，也称"南京"，因该地在上京之南；金朝建都于此，称"中都"，并对其进行了扩建。这是北京 800 余年建都史的开端。

元朝时称"大都"，这时的北京城已是一个相当繁华的大都市了。马可·波罗在游记中曾对大都作过详细描述。北京作为全国的政治中心也由此开始。

明朝建立后，朱元璋将首都定在南京。后朱棣称帝后，将首都迁到这里，故称"北京"。明朝时，还一度称北京为"京师"。清朝也建都北京，并沿用了明朝的名称。民国建立之后仍称北京。1928年改称"北平"，"北平"这一名称是陈立夫提议改用的。

北伐战争后，陈立夫曾在南京办了一份《京报》。这份民间报纸很敢说话，销路很好，其销出的份数比《中央日报》还多。有一天，陈立夫忽然想到首都既决定在南京，北京这一名称应更改，以免残余军阀再图在那里起野心设政府。于是，他让《京报》罗时实执笔，写下了《正名之重要》一文。国民政府采纳了陈立夫的建议。

其实，历史上北京的"北平"之称早已有之。1368年，朱元璋手下大将徐达攻占元朝大都之后，即对大都城进行改建。第二年，朱元璋下令将元大都改称"北平府"，有"平定了北方，从此安宁平静"之意。到1403年，朱棣定都于此，才改称"北京"。新中国成立后，又将"北平"改为"北京"。

2. 王府井大街名称的由来

王府井大街是北京有名的街道之一。据考证，辽金时代，这里是

▲ 王府井大街

个荒凉的村落。元代建立大都城后，人烟逐渐稠密起来，并有了"丁字街"的正式名称。明成祖时在这一地方建造了10个王府。据《明成祖永乐实录》的记载，建造10个王府的工程从永乐十五年（1417年）动工，到1418年底完成，因而这条街也就改称"十王府"或"十王府街"了。

明亡后，这里的王府逐渐倾废，"十王府"的名称不复存在，而习惯地称为"王府街"了。这一带随之出现了更多的摊贩和店铺。清光绪、宣统年间，街的两旁遍设油盐店、米面铺、切面铺、粥摊、饭铺、古玩铺、药铺，还有一个"官厅"。民国以后，1915年，北洋政府内政部绘制《北京四郊详图》时，考虑这条街比较长，于是将一条街分成三截：北段仍称王府大街，中段改称"八面槽"，南段由于有一眼甜水井（井址在大街的西侧）就称作"王府井大街"了。现在将整条街都称作"王府井大街"。

3. 中关村名称的由来

北京海淀中关村现在是全国知名的科学城，原名"中关屯"。相传，当年慈禧太后在颐和园召见群臣，城里宫中内官担心早晨赶不过去，通常提前一天到附近租住民房或造简易房过夜，人们将这里称作"中官屯"。现在房子不复存在，屯名却流传下来了。

1953年11月，中国科学院中华地理志编辑部由城里搬来，这是科学院搬到中关村的第一个单位。一次，该编辑部印公用信笺、信封，事后发现，信封上的地址错印成"中关村"，当时也未改正。不料，日后很多单位陆续搬来，都跟着叫中关村。这样，中关村的名称也就渐渐传开。

4. 长安街名称的由来

今天的长安街以天安门为中心，东至建国门称"东长安街"，西至复兴门称"西长安街"，全长6.7公里，路宽30米至80米不等，宽阔雄伟，横贯北京，素有"十里长街"之称。

▲ 长安街

长安街有着悠久的历史，从公元1267年元朝大都落成算起，这条大街已有700多年的历史了。长安街的前身是元大都城南墙里的一条顺城街。明永乐十七年（1419年），明成祖朱棣在扩建北京城的时候，把元大都的南城墙拆掉，在今日正阳门（前门）东西一线上建筑新的南城墙，原来大都城的这条顺城街，便被扩建为皇城前面的宫廷广场的两翼，并在广场的东西两边筑起了两座皇城门。东边的叫"长安左门"，在今日劳动人民文化宫大门东侧；西边的叫"长安右门"，在今日中山公园西侧。于是这条街也被叫作"东长安街"和"西长安街"了。

5. 形象的北京胡同名

北京胡同的叫法，最早出现在元朝的杂剧中。

北京西四牌楼附近的砖塔儿胡同，是北京最古老的胡同之一，它因胡同中有一七层砖塔而得名，此塔至今仍在。不过经清、民国两代修葺，已由七层变为九层。据学者考证，"胡同"之称由蒙古语中的"火疃"转化而来，元朝扩建大都时，城内居民按片分开，中间留有通道，这种通道蒙古语称"火疃"。后来,北京人把它读成了"胡同"。

崇文门附近有条胡同叫"口袋胡同"。这是一条东西走向的胡同,其地为圆形,内广而外狭,西通而东塞,很像一个米口袋,于是被称为"口袋胡同"。类似的胡同还有很多,如喇叭胡同、月牙胡同、耳朵眼儿胡同、九弯胡同等。

北京的寺庙多,源于寺庙的胡同名也多。如地处广安门附近的善果胡同,就因胡同内有善果寺而得名。西城区的石类胡同,是因胡同内有一座石类庵。南长安街路西的玉钵胡同,则是因胡同内有玉钵庵。

北京还有许多胡同赶时髦改了名称,如将狗尾巴胡同改成了高义伯胡同,王寡妇胡同改成王广福胡同、大哑巴胡同改成大雅宝胡同、大脚胡同改成达都胡同、勾阑胡同改成钩帘胡同、劈柴胡同改成辟才胡同、鬼门关胡同改成贵人关胡同等。

■ 河北地名渊源

河北,省会石家庄,以居黄河之北而得此名。1928年设河北省,辖区相当于我国最早的地理著作《禹贡》中的冀州,故河北省简称"冀"。

河北古属冀州、直隶。5000年前,黄帝、蚩尤涿鹿之战,开启中华文明之先河。春秋战国时期河北属于燕国、赵国。汉代属幽州、冀州。唐大部分属河北道,河北由此得名;宋设河北路,后分河北东、西路;金分河北东路设大名府路;元设燕南赵北道;明设北平省,后废省,所有府和直隶州直属中央,称北直隶;清改直隶省;1929年民国改河北省,省名沿用至今。

1. 石家庄市

河北省省会石家庄市得名于一个小村庄。在1900年以前石家庄市还是获鹿县的一个小村庄。当时这个小村落坐落在现在市区的桥西区新华路以北、西横街以东、新天街以南、北大街以西的范围内，面积不足半平方公里，人口

▲ 河北　石家庄

仅600人。1900年华德合创办的井陉煤矿成为该市工业发展的开端。1902年京汉铁路修经这里，1907年修筑了石太铁路，小小的石家庄一下子成为交通要冲、燕晋咽喉，成为两省农矿物资的转运站和集散地，并很快发展成为城镇。从此商贾云集，日趋繁华。1905年建立了铁路工厂。第一次世界大战后10余年，民族工业和交通运输业、服务业均得到很大发展，市政规模不断扩大。于是，1925年5月正式设市，但仍沿用过去"石家庄"这个小村落的名称，称为"石家庄市"，属直隶省管辖。这样，短短20多年时间，华北平原平地兴起一座新兴城市。

2. "秦皇岛"地名的由来

传说秦始皇吞并六国，当上中国历史上第一个皇帝以后，派一个名叫卢生的方士帮他到海里去求长生不老药。卢生要求斋戒沐浴，带上珠宝法器，三天后找一个沙软潮平的地方乘船入海。秦始皇一一答应，赶紧派出大队人马去找入海的地方。

三天后，有一队人马回报说："在碣石山东北80多里的海岸上，发现一个翡翠般的海岛，那里风小浪平，适于船只航行。"秦始皇登岛一看，苍松翠柏，一片碧绿，岛上开满了鲜花，大海风平浪静，海

边细沙像铺了层柔软的绒毯,景色好极了,不由赞叹道:"我游遍天下,不料在此发现一个美丽的地方。如能在此久住,也可算作神仙了。"在这里,卢生带着一应物品和20多名随员,分乘三艘船扯风划船入海了。秦始皇亲自为他们送行。卢生入海几天,根本找不到什么仙山,更求不到仙药。秦始皇求长生不老药虽然一无所获,却意外地发现了这块伸入渤海的小半岛。后人在秦始皇站过的东山脚下刻碑为记:"秦始皇求仙入海处"。"秦皇岛"也因此而得名。

3. "卧牛城"地名的由来

邢台市被称为"卧牛城"。据民间传说,很久以前,邢台一带土地肥沃,水草丰盛,住着一对常年在太行山上打猎的姬运、姬生兄弟。一天下山时,兄弟俩看到一头神牛,头南尾北,席地卧在这里。他俩带领一班人用智慧和勇敢战胜了兴风作浪的"黑龙",然后大家便在神牛卧过的地方定居下来,繁衍生息,逐渐形成了城镇,人们亲昵地称自己的城镇为"卧牛城"。至今,邢台市南面有东牛角村、西牛角村,市内的牛市街、拴牛橛、牛心坑、牛蹄坑都因此而得名。

■ 山西地名渊源

山西,因其在太行山以西而得名,曾为春秋时晋地,故简称"晋",又称"三晋",古称"河东"。唐大部分属河东道;宋设河东路;金分河东北、南路;元设山西河东道,为山西得名的开始;明置山西省,后改山西布政使司;清改山西省,省名沿用至今。

山西是中华民族发祥地之一,山西有史可循的历史长达三千年,被誉为"华夏文明摇篮",素有"中国古代文化博物馆"之称。

山西现下辖11个地级市,119个县级行政单位(23个市辖区、11

个县级市、85个县）。

1. 太原市

"太原"这一地名最早见于《诗经·小雅》中的"薄线猃狁，至于太原"之句。

太原原名"晋阳"，始建于春秋时代。晋定公十五年（公元前497年）赵鞅执政时，在今太原市南郊区古城营封一带修筑城池，以巩固领地和政权。因地处晋水之北，故名"晋阳"。

战国的秦庄襄王四年设置了太原郡；汉文帝将太原郡改为太原国，不久又复为郡；晋代时又为太原国；北魏时又改为太原郡；隋初时废除太原郡编制，到隋大业时又改为太原郡。在此期间，晋阳一直为太原国或太原郡的治所，是我国北方的重镇。

阳城在公元581年和617年经过两次扩建。由于晋阳是李渊父子起家打下唐朝天下的基地，被升为太原府，并大规模扩建，形成东、中、西城，史称"太原三城"。三城城垣高大，气势雄伟，工商业发达。可惜公元979年被宋太宗赵光义攻占后，城毁民移，千年古城化为灰烬。公元992年，在汾河岸唐明镇基础上重建太原城。明初，太原为九边重镇之一，修筑了周长24里、高三丈五尺的城墙。1927年太原正式设市，现为山西省省会。

2. 关于牛郎织女的记忆——和顺

牛郎织女的传说由古诗《诗经·大东》《古诗十九首·迢迢牵牛星》和人们的星辰崇拜心理演变而来。经过几千年，尽管故事的传播有着多地域、多元文化的特征，但是山西省和顺县是其发生地，应毋庸置疑。

地处山西省东部的和顺县，松烟镇南天池村一带至今仍保留着七夕文化的诸多记忆。

（1）地名中的故事

以和顺南天池村为轴心，方圆2公里到3公里内，与牛郎织女传说故事相关的地名有十多处，这些地名与牛郎织女传说相对应，形成了一条完整而生动的故事情节链。

牛郎峪、天河梁、南天池与磨子峪（簪峪）是地方志中早有记载的地名，其余地名及相关景物名称均长期流行于民间，如今仍能见到的有牛郎洞、牛郎沟、牛郎庙、织女庙、南天门、喜鹊山、天河池、金牛洞、老牛口、牛头山、相思背、八仙洞、哪吒塔、驴打滚、磨簪石等，还有如今已毁圮的王母娘娘庙、李天王塔遗址等。

传说中织女下凡沐浴的天河池地处天河梁山腰处，是山水长期冲积而成的水塘，池边石缝中山泉汩汩，经年不息。石缝中生长出一株椵树，主干已于百年前被锯，支干如今已长成合抱之形。有关专家称，该树至少有500年的历史。椵树后有两座山石垒砌的小庙，即村民所言牛郎庙与织女庙，形态原始，巍然独存，见之令人有沧桑之感。

南天门是传说中织女沐浴的必经之地，也是后来天兵天将下界落地之处。观其旧址基石，门庑浩大，年代至少建于明清之际。旧南天门毁于抗日战争时期，如今的南天门是1962年南天池大队重修，距原址东移约4米。

（2）习俗演绎成信仰

围绕牛郎织女展开的故事情节吸收了传统文化中多种元素，七夕风俗亦包含了诸多的民族文化心理，表现了中华民族传统文化的多样性与完整性。

民国《和顺县志》记载："七月初七，处女用瓦器生五谷芽，向牛郎织女乞巧。"村民在这天讲究放鞭炮、贴牛郎织女图案的窗花、敲锣打鼓"接织女回家"。今天村民们每逢七夕仍有"看天"习俗,晚间在院中朝南向摆上桌子或案板,上面供奉连着秆茎一起煮熟的毛豆和带苞叶煮熟的玉米,然后燃香拜天,祭祀牛郎织女。

▲ 文化节

南天池村民自古保留着养育耕牛的习惯,曾长期流行"牛死埋葬"的风俗,至今家家户户养牛,少则几头、多则几十头。这里曾经家家户户纺线织布,村民保存着古老的织机和纺车。村内妇女善于刺绣,农闲时,农妇们常常聚在一起互相交流,展示手艺。

南天池村还传承着牛郎织女传说的韵文体吟诵。每年正月十五元宵节,南天池一带的村庄有演剧酬神的风俗遗存,当地人叫"敬神戏",主要戏本有才子戏《吕蒙正赶斋》、二十四孝故事《卖苗郎》和《探亲》等。无论演唱什么剧本,唢呐开场过门后,演员必要吟诵一段韵文:"天河梁下一清泉,一棵椴树盖得严。谁要喝了天池水,能活长生不老仙。""喜鹊好,喜鹊好,喜鹊展翅搭天桥。牛郎织女天桥过,不知天桥牢不牢。"

神话传说有着古老的渊源,很难确定其原型所在,但神话的发生地是可以考究的。对牛郎织女传说进行"寻根问祖"的考察,实质上具有保护和传承民族传统文化的价值和意义。

3. 平遥

平遥,旧称"古陶""平陶",相传为帝尧的初封地。平遥古城距今已有2700余年的历史,是我国现存最为完整的古城,属于世界历

▲ 平遥古镇

史文化遗产。清代晚期时是中国家喻户晓的金融业中心，其实远在战国时期平遥已是相当发达的商业城市。

春秋时期属晋邑，战国时期的平遥属于强大的赵国都邑之一，那时平遥被称为"中都"。秦置平陶县，西汉置中都县。北魏时，鲜卑拓跋部统一北方，为避北魏太武帝拓跋焘的名讳，改"平陶"为"平遥"，此后1500多年一直沿用。如今在平遥古城内依然可以见到关于中都旧称的痕迹，如平遥县中都乡、平遥县中都路等。战国时期的平遥发行了记录地名的"中都"方足布。中都方足布的具体铸造地在今平遥西。《三晋货布考》中载，故址在今山西省平遥县西双林寺（旧称中都寺）。

"中都"方足布是方足布品种中的中档品种，因其文字写法的差异可分为普通版和减笔版两种，普通版在钱币市场偶可一见，减笔版比较稀少。目前市场价格因品相的差异从几百元到几千元均有。如今在山西地区屡次出土的大量方足布中，均有数量不等的"中都"方足布出现，其铜质精良，文字隽秀高挺，铸造精美。

天津地名渊源

唐宋以前，天津称为"直沽"。金代因形成集市，遂称"直沽寨"。元代设"津海镇"，天津初建城。明永乐二年（1404年）筑城设卫，始称"天津卫"，取"天子经过的渡口"之意。1949年设为直辖市，取全称中的"津"字作为简称。天津现有16个市辖区（其中1个副省级区），共有乡镇级区划数为240个。

天津的自然环境，是长期由河流淤积而形成的沿海平原，水是这座城市生成和发展的原动力。贯穿天津的海河，将北运河、南运河、子牙河、大清河、永定河与渤海沟通起来，直接影响着天津的城市风貌和风土人情，因而海河成为天津的母亲河。

天津地理与人文相互交融，就生成了以水文化为滥觞的运河文化、码头文化和商埠文化。"水"是天津地域文化的第一要义。水文化的流动性，催生了天津都市文化的开放性、包容性和多元性。天津自村落之始，就借助与水密切相关的鱼盐之利而发展；隋炀帝开通大运河之后，天津又和黄河、长江水系相连，南粮北运以及盐业的发展，使天津成为河海交织的航运码头，从而促进了漕运、商业、贸易的发展。

天津早期的名称诸多，但不管地名怎样演变，"沽""海""津"三字都是"水"偏旁。全市18个区县里，有10个区县名中有带"水"偏旁的字——河北、河东、河西、津南、

▲ 海河一角

塘沽、大港、汉沽、武清、宁河、静海。

这些水汽弥漫的地名反映了天津地势低洼、潮湿多水的特点。天津全市共有包括月牙河、西减河、东减河、洪泥河、卫津河等人工河渠在内的大小河流300余条，坑、塘、洼、淀星罗棋布。这种独特的地形地貌在天津地名中确有典型反映。

天津有"七十二沽"之说，凡带"沽"字的村镇地名，几乎都坐落在海河水系地区，如塘沽、大沽、汉沽、葛沽、西沽、后沽、大直沽、小直沽、咸水沽、丁字沽、东泥沽、三叉沽等。另外，天津别称"津沽""沽上"；海河又称"沽水"，是天津市的风景轴线。"沽水流霞"已成为令人陶醉的都市景观了。

除了"沽"字外，以"港""泊""洼""沟""淀""塘""滩""湾"等为通名的地名亦为多见，如大港、双港、官港；杨家泊、团泊洼、青泊洼、贾口洼、唐家洼、卫南洼；陈家沟、九道沟、南清沟；南淀、北淮淀、三角淀；北塘、西双塘、白塘口；柳滩、大滩；赵家湾、唐家湾、西大湾子等。如此之多的带"水"偏旁字的地名，不正是天津低洼多水的地理特点的生动写照吗？

不仅如此，以与河流有关的"嘴"（河湾）、"口"（河口）、"圈"（周边被水围起的地方）、"桥"（桥梁）、"堤"（堤岸）、"闸"（水闸）、"码头"、"水库"、"渡口"等命名的地名也较为多见，例如：

嘴——芦嘴、陈嘴、梁家嘴、霍家嘴、吴家嘴等；

口——三岔口、北塘口、唐家口、老河口等；

圈——上河圈、下河圈、陈家圈、西湖圈、黄家圈等；

桥——于桥、引河桥、聂公桥、双桥、北洋桥等；

堤——王顶堤、西横堤、千里堤、桃花堤、段堤等；

闸——双闸、耳闸、北闸口、二道闸、新港船闸等；

码头——崔家码头、万家码头、南洋码头等；

水库——于桥水库、双港水库、鸭淀水库、永金水库等；

渡口——炮台渡口、教场渡口、大光明渡口、柳滩渡口、杨庄子渡口等。

另外，天津以"台"（高地）、"坨"（土堆）、"头"（河岸的末梢）等为地名的更为多见，例如：

头——东河头、西堤头、梁头、上河头、东滩头等；

台——芦台、冯台、白台、侯台、兰台、六里台、八里台、李家台、姚家台、沈家台等；

坨——西塘坨、田庄坨、王庆坨、洛里坨、白公坨、青坨子等。

"头""台""坨"等字的字形虽不直接带水，但作为地名用字的词义却与"水"密切关联。如此众多的与水结缘的"头""台""坨"等地名，从侧面说明了天津地势低洼，人们只能择高台而居的历史状况。

■ 内蒙古地名渊源

内蒙古，简称"蒙"，全称"内蒙古自治区"，以漠南蒙古得名。地处中国北部边疆，首府呼和浩特，横跨东北、华北、西北，接邻8省区，是中国邻省最多的省级行政区之一，是中国五个少数民族自治区之一。

蒙古原为部落名，始见于唐代记载。宋时出现蒙古部落。1206年，成吉思汗统一蒙古各部，建立蒙古国。元灭后，蒙古族退居塞北。明清形成内、外蒙古之称。清统一蒙古，以漠南蒙古居内地称内蒙古，漠北蒙古居边外称外蒙古，并属理藩院。晚清以后，泛指大漠以南、长城以北、东起哲里木盟、西至西套厄鲁特地区。新中国成立前以今内蒙古东部设内蒙古自治区，区名沿用至今。

1. 呼和浩特市

呼和浩特地处黄河支流大黑河的北岸，是我国内蒙古自治区的首府。"呼和浩特"地名源于当地的自然景色。呼和浩特过去称"归绥"，汉语"归绥"取"归化""绥远"二词的首字，是明清两朝在呼和浩特建立的两座军事要塞，曾驻有中央派来的军队和管理当地事务的地方行政长官。归化城与绥远城相距不远，人们后来将其统称为"归绥"。"归化"和"迪化"意思相近，"绥远"取"平定、安抚边远地区"之意。

1954年，我国政府正式把"归绥"改称"呼和浩特"，蒙古语是"青色的城"的意思。内蒙古自治区境内有一条贯穿东西的阴山山脉，它的中部被称为"大青山"。大青山巍峨陡峻，树木葱茏，像张开的双臂，拦阻着从西伯利亚吹来的酷寒的朔风，收集着东南季风带来的降水，润泽着怀抱中广大而肥美的平川。这里气候温和，水草丰茂，历史上是我国北方游牧民族崛起的重要地区。在这片沃土上形成的呼和浩特市，沐浴在大青山的秀色山光之中，故名"青色的城"。

2. 呼伦贝尔市

相传，在很久以前，草原上风妖和沙魔横行，土地不生寸草，滴水如金，牧畜濒于灭绝，牧民尸骨遍地。后来，从天上降下一对神仙，男的叫呼伦，女的叫贝尔，他们降风妖、除沙魔、施甘露、布生灵，草原一片祥和之景。草原人民为了感谢和纪念他们，就

▲ 呼伦贝尔大草原

把自己的家乡取名"呼伦贝尔"。这就是世界三大草原之一的呼伦贝尔大草原,行政区划为呼伦贝尔盟。

3. 包头市

包头市地处中国北疆、蒙古高原的南端,黄河像一条飘带从市区南部流过。公元前300年,赵武灵王在这里设置九原县,并沿大青山修筑了一道长城。这段长城,被翦伯赞先生称为"一段最古的长城"。

自秦初至明末,包头的行政建制时建时废。直到清初,包头地区才又有了比较稳固的居民点。当时的大青山上绿树依依,山下泉水潺潺,每天清晨,常有鹿群来泉边饮水嬉戏,因此蒙古族人便称呼这里为"包克图"(有鹿的地方),相沿日久,就成了"包头"了。1982年12月包头市人民政府在市长常务会议上正式确认了这个地名,"鹿城"便作为包头的代称,经常见诸于报端。1986年4月确定的包头市徽上就有一只昂首欲奔的雄鹿。

历史最悠久的北京古村落

1. 灵水村

灵水村,位于北京西部门头沟区斋堂镇境内西北部,村落形成于辽金时代,至今已有近千年的历史。村民自古有崇尚文化的遗风,自明清科举制度盛行以来,村中考取功名的人层出不穷,曾有刘懋恒、刘增广等众多举人出现,因此灵水被当地人冠以"举人村"。

灵水村古民居是中国北方明清时期乡村民居建筑的典范,原貌保存较好。现有明代民居20余间,清代民居100余间。村域内自然风光秀美,文物古迹众多，其中东岭石人、西山莲花、南堂北眺、灵泉银杏、北山翠柏、举人宅院和寺庙遗址等景点自古有"灵水八景"之称。

2. 爨底下村

爨底下村，位于北京西郊门头沟区斋堂镇，川底下村，实名"爨底下"。因在明代"爨里安口"（当地人称"爨头"）下而得名，距今已有400多年的历史。

相传是明代由山西洪洞县大槐树下移民而来，原村址在村西北老坟处，后因山洪暴发，将整个村庄摧毁。只有一对青年男女，外出幸免于难。为延续韩族后代，二人以推磨为媒而成婚，并在现址立村，至今已延续到17代。爨底下村现保存着600多间70余套明清时代的四合院民居。

3. 琉璃渠村

琉璃渠村，地处门头沟区三家店永定河古渡口西岸，是历经辽、金、元、明、清五朝的千年古村，琉璃烧造工艺是该村传承千年的技艺。从元代起，朝廷即在此设琉璃局，清乾隆年间北京琉璃厂迁至此地，后又修水渠至此，村子因此得名。

琉璃渠村作为琉璃之乡而声名远扬，素有"中国皇家琉璃之乡"美称的门头沟区龙泉镇琉璃渠村入选第三批中国历史文化名村。

4. 水峪村

水峪村，位于北京市西南80公里处的房山区南窖乡，为深山区村落，建于明清时期，依山而建，错落有致，形成了独具特色的北方山村四合院民居建筑风格。全村沿一条西北东南向的沟岩分布，地势为西南高东北低，平均海拔五六百米。

▲ 北京水峪村

村中自然生态保持良好。而尤为宝贵的是该村尚有600间、100余套明清时代的四合院民居坐落在该村东缓坡之上，目前保留得都比较完整。一条"S"形的青石砌成的古道贯穿全村，村落成圆形，面南朝北，依山而建，形成独具特色的建筑风格，其最具代表性建筑有杨家大院、瓮门、娘娘庙等。

此外，该村还是北京市旅游局命名的民俗文化旅游村，远近闻名的"水峪中幡""大鼓会"就出于此地。水峪村还搜集整理石碾128盘，并被上海大世界吉尼斯认证为"石碾收藏世界之最"，其中最为古老的是道光年间的石碾。

5. 韭园村

韭园村，位于北京门头沟区王平镇镜内。该村约建于辽金时期，是京西古道上的"王平古道"的第一个古村落，至今已有近千年的历史。据传，古时这里的人们主要以种植蔬菜为生，尤其以种植韭菜而闻名，因此而得名"韭园"。

6. 黄岭西村

黄岭西村，位于北京市门头沟区斋堂镇镜内。相传村落成于明代，至今已有500多年的历史。房屋建筑全部用石头堆砌而成，庭院与门窗的样式有明代建筑遗风。

该地的房屋建于沟涧两侧，与古桥相连，沿石路可一览村中小桥流水，古朴的村貌。灰瓦屋顶的三合院、四合院，精美的砖雕、石雕、石鼓、石礅，构成了一幅幅山村民居图画，充分显示出小村庄的安详、静谧，颇有世外桃源的感觉。

7. 马栏村

马栏村，位于北京市门头沟区斋堂镇镜内。明代圈放马匹之地，故而得名，至今已有五六百年的历史。抗战时期的峥嵘岁月给小小的马栏村留下了不可磨灭的功业，被人们尊仰为"京西红村"。

第五节　华中地区地名渊源

华中地区，简称"华中"，是中国七大地理分区之一。包括河南、湖北、湖南三省。

■ 河南地名渊源

河南，简称"豫"，古称"中原""豫州""中州"，省会郑州。河南，取意于"黄河之南"。汉设豫州部；唐置河南道；宋置河南路；元置河南江北行省；明初设河南省。

1978年9月发掘的南召猿人（今南阳南召）说明50万年前河南就已经有了人类的足迹。新石器时代的裴李岗文化、贾湖文化、仰韶文化，河南形成了发达的农业、畜牧业和制陶等手工业。西汉即有河南郡，河南由此得名；唐大部分属都畿道和河南道；宋设京畿路和京西北路；金改南京路；元设河南江北省和河南江北道；明置河南省，后改河南布政使司；清改河南省，省名沿用至今。

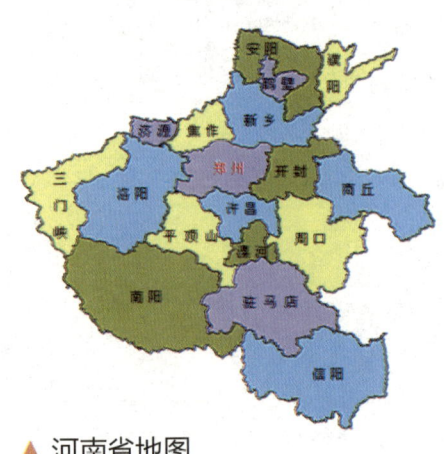
▲ 河南省地图

河南是中华民族与华夏文明的主要发祥地。历史上先后有20多个朝代建都或迁都河南，中国八大古都河南有四个，即十三朝古都洛阳、八朝古都开封、七朝古都安阳、夏商古都郑州，为中国古都数量最多、最密集的省区。从夏朝至宋朝，河南一直是中国的政治、经济、文化和交通的中心，自古就有"天下名人，中州过半"之说，有老子、庄子、墨子、韩非子、商鞅、范蠡、苏秦、吕不韦、李斯、贾谊、张衡、杜甫、韩愈、白居易、刘禹锡、李商隐、李贺、岳飞等历史名人。

▲ 老子

河南省现下辖17个地级市、1个省直管市、51个市辖区、20个县级市、86个县。

1. 郑州市

郑州远在5000多年前就已有先民居住，经考古发现的原始社会村落达30余处。1955年还在向阳区一带发现了一座建于3500多年前的商代都城，称为"隞"。该城遗址南北长2公里，东西宽1.7公里，城区面积达25平方公里，比现今郑州市旧城区的面积还大，是一座规模相当大的城市。

郑州在历史上名称繁多。西周时系管国的都城，因此后来曾被称为"管县""管城县""管州""管城"；春秋战国时先属郑国，后属韩国，所以后来曾被称为"郑州""郑县"等；秦汉时期称"管县""管城县"；北周时称"荥州"；隋开皇元年（581年）将"荥州"改为"郑州"，以春秋战国时曾属于郑国而命名。这是"郑州"地名的起始。

此后直至民国,先后又称为"管州""管城""西辅""郑州""郑县"等。

郑州因为地处"天下之中心",既是商贾贸易和使节往来的通道,又是兵家必争之地,历史上兵连祸结,多次被战火摧毁城池。到清代中期,地区面积也仅2.2平方公里,人口不过2万左右。1905年、1912年京汉铁路和陇海铁路相继建成通车,给郑州带来了历史性的发展机遇,郑州一跃而成为我国最重要的铁路枢纽城市之一。1949年正式设市,1954年河南省省会由开封迁至郑州。

2. 开封

开封市地处河南省中部偏北,郑州市的正东。在历史上,开封曾为7个正统王朝的国都,因此号称"七朝古都"。此外,又为5个政权的都城,所以又有"十二朝都会"之说。

开封一带是我国开发比较早的一个地区。春秋时在郑国东北边境,即今朱仙镇附近的古城村,就筑"启封"城,此为开封故城。现在开封市所在的地方,是春秋时卫国西南边境上的一个城邑,名"仪"。战国时,开封称"大梁"。公元前364年魏惠王将国都从山西安邑迁至大梁,并在此建都140年。

秦灭魏后,大梁改置为"浚仪县",启封也置为县。这是浚仪正式命名和启封同时置县的起始。汉景帝元年(公元前156年)刘启即位,为了避讳与皇帝的名字,启封县也就改称了"开封县"。

开封在南北朝时为"梁州"。北周时因此城靠近汴水而改名叫"汴州"。唐代仍置汴州。五代时的后梁、后晋、后汉、后周及北宋五个王朝均定都于此;后梁将汴州升为开封府,称为东都;后晋、后汉、后周称为东京;北宋称之为开封府。然而直到南宋,很多人还习惯称之为汴州，金灭北宋后将开封改称汴京，金贞祐三年（1215年）迁都于此，又改称"南京"。这是开封在历史上最后一次作为首都。元初称汴梁路，明初称北京，后定名开封府。清代以后开封一直是河南省省会，直到1954年将省会迁到郑州。

开封市在北宋达到了鼎盛的时期，人口多达100万，为当时世界最大城市之一，手工业、商业、交通、城市建设都相当发达，但此后由盛而衰。到了明崇祯十五年（1642年），朝廷为剿灭李自成的起义军，竟开决黄河将城淹没，37万居民中仅幸存3万多人，惨绝人寰。清康熙元年修复城池并保存至今。

3. 洛阳

洛阳古称"京洛""雒阳""斟鄩""洛州""河南府"，地处河南西部、黄河中游，因地处洛河之阳而得名。

洛阳有着5000多年文明史、4000年的建城史和1500多年的建都史，先后有105位帝王在此定鼎九州，是华夏文明的发源地之一、中华民族的发祥地之一。从中国第一个王朝夏朝开始，先后有商、西周、东周、东汉、曹魏、西晋、北魏、隋、唐等十三个王朝在洛阳建都。洛阳拥有三项世界文化遗产，沿洛河两岸分布着夏都二里头遗址、偃师商城、东周王城、汉魏故城、隋唐洛阳城等五大都城遗址。

洛阳现辖1市8县6区，1个洛阳新区、1个洛阳国家高新技术产业开发区、1个国家洛阳经技术开发区、两个省级开发区。

■ 湖北地名渊源

湖北，简称"鄂"，省会武汉。湖北，以在洞庭湖之北而得名。宋代自洞庭湖以北至荆山，西包沅澧二水流域设荆湖北路，简称"湖

▲ 湖北省地图

北路"，此为湖北得名的开始。元明两代设湖北道，后改省为湖广布政使司。清分湖广省置湖北省，省名沿用至今。清代湖北的行政中心宜昌，为隋以后鄂州的治所，故湖北简称"鄂"。

湖北省现下辖1个副省级市（武汉市）；11个地级市（黄石市、十堰市、宜昌市、襄阳市、鄂州市、荆门市、孝感市、荆州市、黄冈市、咸宁市、随州市）；1个自治州（恩施土家族苗族自治州）；3个直管市（仙桃市、潜江市、天门市）；1个林区（神农架林区）。

1. 武汉市

武汉，简称"汉"，别称"江城"，是我国重要的水陆交通枢纽，素有"九省通衢"之称。被长江和汉江分为武昌、汉口和汉阳三部分，即"武汉三镇"。1949年三镇合并设市，取武昌、汉阳和汉口的首字，合称"武汉"。三国时孙权将原江夏郡的东部分设武昌郡，武昌之名由此而来。今之武昌，当时称为夏口。武昌在明清时为武昌府的府治。汉阳历来为县、郡、州、府的治所，名字沿用至今。

长江及其最大支流汉水在此交汇，造就了武汉隔两江立三镇地理特征，市内江河纵横、湖港交织，构成了武汉滨江滨湖水域生态环境，因此武汉又称"江城"。

汉口在汉水未改道以前（1467年），一直与汉阳相连，汉水改道后才分为两个地方。明清时，汉口逐渐兴起，成为我国四大名镇之一。

（1）筷子湖、筷子堤与筷子街

站在汉阳门，宽宽的临江大道，车水马龙。这里原是武昌城外的一片荒芜地，也是江西工匠们的聚集之所。

▲ 武昌筷子街

明朝末年，为躲避长期的战乱和灾荒，江西吉水县一批制作筷子的工匠，相约扶老携幼，背井离乡，去寻找他们的栖息之所。最终，他们来到武昌城外，选择了依江旁湖的地方定居下来，重操旧业。当时的筷子以竹子作原料，制作工艺中有两道非常重要的工序：浸泡筷子和晾晒筷子。为了制作的需要，工匠们在一个小湖堤旁搭棚居住。这个无名小湖因为长年浸泡大量的筷子，被称为"筷子湖"，而晾晒筷子的堤防则被称为"筷子堤"。随着岁月的流逝，筷子生意越来越红火，棚屋越来越多，渐渐形成一条街巷，遂被称为"筷子街"。

这里生产的筷子质量好，经久耐用，所以特别受消费者的欢迎。筷子生意最红火的时候，作坊达到100多家。每年从阴历八月十五起，筷子就开始俏销，订单雪片般飞来，工匠们须忙过了小年，才有空走亲访友。有意思的是，筷子街的工匠们流行着不成文的规矩：手艺传媳妇，不传女儿。大概是因为"嫁出去的女儿泼出去的水"的落后观念，匠人们害怕手艺外传，削弱了筷子街的名头吧。

民国以后，筷子街逐渐萧条冷落，但地名一直保留到新中国成立后，后来随着临江大道的扩建而消失。所以，如今的汉阳门怎么也不会和筷子扯上关系了，可毕竟，这里曾是筷子工匠们的聚集之地。正是他们的勤劳，让这片原本一片荒芜的地方，成了工商业聚集之地。如此看来，说江西工匠们"拓展"了整个武昌城，似乎毫不夸张。

（2）江汉路的地名变迁

作为国内闻名的步行街，江汉路两旁店铺林立，以其大量独特的历史建筑，吸引着国内外大批的游人。可行走在江汉路，你是否想到，这条路曾先后有4个名称？这些地名带着一个个故事，讲述着江汉路的百年沧桑。

据《武汉地名志》中载，100多年前，这里还只是一小段狭窄的土路。先民们为这段土路起了个吉祥的名字——广利巷。公元1861年，英国在汉口强辟租界后，将广利巷拓宽，改建成了碎石路，长度从武汉关大楼至鄱阳街口。因这条路紧靠英国租界，人们取"对外忍让，唯求太平"的含义，改名"太平路"。

此时，鄱阳街口至解放大道的一段还是沙滩洼地。1906年起，武汉"地皮大王"刘歆生组织填土公司，取后湖之土填基垫高，在此建房筑路，始成街道。为迎合英殖民主义者的需要，刘歆生一边让基建路抬高地价，一边将花楼街口以北至中山大道地段，纳入英租界，以换取英帝国主义的庇护。为表彰刘歆生，英租界当局特呈准英皇，将这段新马路命名为"歆生路"。

1927年，太平路南端的武汉关前，发生了震惊全国的"一·三惨案"，声势浩大的反帝运动随之而起。在强大的舆论压力下，中国政府最终收回了英租界，并将太平路和歆生路合二为一，取其南端耸立的江汉关海关大楼特有建筑物为名，命名为"江汉路"，并沿用至今。

江汉路曾为华人与洋人的分界线。江汉路西面的花楼街、黄陂街以及毗邻的大兴路一带，是民族工商业者开设的店铺、作坊、前店后厂型的食品店等。而其临街则基本上是帝国主义国家和官僚、民族资本家开设的银行、公司和商店，加上江汉关轮渡码头迎送客源，营造了江汉路的商业氛围。如今，江汉路上仍遗留有13栋近代优秀的历史建筑。

2. 襄阳"双沟"的由来

樊城东北30公里有一座繁华而古老的集镇——双沟镇，它东与枣阳接壤，西临襄樊刘集机场，316国道穿境而过，现属襄阳区管辖。

双沟地势分为两个阶梯，东高西低，有岗地河地之分。镇内地势低洼，原东西南北直角相交的四条主要干道，类似"井"字形，镇周围筑有牢固的环城堤防。

"双沟"的名字由来已久。相传，古时候有一只凤凰落在了该镇，这只凤凰年复一年地面西立于东岗，后以凤凰的嘴为分界，形成两条大沟，南沟自凤凰嘴左侧从正东门内蜿蜒流入唐河，北沟自凤凰嘴右侧弯曲注入唐河，故名"双沟"，至今双沟遗址犹存。

据《中国地名大辞典》中载："双沟在西周以前是襄国之域，春秋战国时代系楚国属地，自宋代属襄阳府襄阳县管辖至今。"

镇的中心有一口"四眼井"。据当地老人讲，古时有四条龙会聚于此，喷出四个泉眼，泉水清澈，味甜质纯。过去在这儿建有"飞来泉"茶馆，饮用这里的茶水沁人肺腑，还能治多种疾病。"四眼井"周围有十几户人家用这里的泉水生豆芽，生出的豆芽雪白鲜嫩，久放不烂。不少远道而来的客人，总要尝尝"四眼井"的水方肯离去。

3. 三里城的传说

三里城地处县城以北３０公里处,古称"栗林岗"。相传清顺治年间，栗林岗住着三户人家——姚万顺、邓万元、胡万和，人称"三大万"。

当时栗林岗为南北驿道必经之地，上、下３０余里内设有旅店，他们便以为过往行人烹茶卖饭为业，故又称此地为"三万客店"。栗林岗东为环水河、北有四里庙，往来行商、香客络绎不绝，生意日渐红火。日子一长，"三大万"积财万贯，便在四周买田置地、扩建店房；外地商人也纷纷拥入，逐渐把路边小店变成了鄂、豫交界的商贸地。

后来，富贾巨商日渐增多，为防土匪、强盗的抢劫，他们出资，在集镇周围修筑一条长达三华里的高大城墙，并改称"栗林岗"为"三里城"。此后，这里的买卖更加兴隆，河南省南部数县的粮食、山货、土产均由此外运，而所需的布匹、盐及日杂用品则由此运进。当时流传甚广的歌谣"挑不完的涩港，填不满的城"就足以证明三里城商贸的兴旺。三里城四周为大平畈，土地肥沃，物产丰富，尤以粮食为最，至今县内还流传着"三里城，出米仁"的古谚。这一古谚被后来人传为"三里城，出美人"。

1958年大办钢铁时，在三里城东北角叫"胡家湾"的地方，挖出了一顶铁帽和一把大刀，每件都需两人合力才能抬起。帽子和大刀上都铸有"呼延赞"３个阳文，可惜当时人们不懂保护文物，将两件珍贵文物都投进了炼钢炉中熔化了。据当地老人说，胡家湾原名叫"呼延湾"，是北宋名将呼延赞的家乡。北宋仁宗时，呼延赞的儿子呼延丕显被奸臣庞太师暗算，全家除呼延守用、呼延守信两兄弟逃脱外，其余的都被斩首。呼延湾的人怕受牵连，便将呼延湾改为"胡家湾"，改复姓"呼延"为单姓"胡"，沿袭至今。现在，三里城一带，还流传着许多关于呼延赞后裔在当地惩恶扬善的动人故事。以上所述，在三里城发现呼延赞的铁帽、大刀是实，而胡家湾是否为呼延赞的故乡则有待史家考证。

4. 千古一谜禹王城

禹王城，位于县境东部，罗汉公路穿城而过，亦名"禹旺城"。据清宣统元年《黄安乡土志》云：禹旺古城，不详始于何代。南北朝时有女酋据此，俗以女王呼之。至于禹旺城于何时、因何故更名为"禹王城"无法考证。新中国成立后，几次文物普查时，在禹王城发现大量古文化遗物，主要有屈家岭、龙山、西周、春秋、战国和汉代等6个时期的文物，但禹王城源于何朝何代仍是历史之谜。相关民间传说二则记录如下：

传说一：洪荒时期，天地一片汪洋，江西筷子巷陈氏族中有一青年名叫陈圆，驾一木船随洪水漂流至凤凰山（今仙居顶下）。他白天救渡灾民，晚上就船歇息。一次，一位富户女子不慎落水被他救起，为感谢救命之恩，女子与之结为夫妻。他们在山中结草为庐，开荒种地，生儿育女。天长日久，渡船却被风吹浪打、泥沙冲压，沉入河中。大禹治水成功后，沉船的地方已成为船形岗地，与凤凰山紧紧相连。陈圆的后代便在岗地上建房造屋，并起地名为"渡船村"。至西汉时期，禹氏后裔因朝廷追杀，逃至渡船村落草为王，自封"禹王"，并大兴土木，建起一座繁华的都城，原渡船村遂改称"禹王城"。

传说二：西汉初，禹后大封禹氏子弟为王。禹后死，禹氏诸王企图抢夺刘氏江山，被太尉周勃等镇压。其中有一禹氏后裔脱逃，率数千人马潜至凤凰山时，见此山钟灵毓秀，便上山祈祀天地山岳，以求卜建一都之地，永享荣华富贵。当他行至山西北坳时，见一宽阔长岗，形如巨龙，西、北均为绝地，走势由南转东，岗上有一天然生成的清水池；再上至山顶时，又见顶峰有一巨石，形似凤凰，石尖高抬向东，如同凤凰振翅。于是，他便意会到其中的含义为"龙跃于渊、凤振于东"，

▲ 禹王城

是上苍神灵对建都于凤凰山东临水之处的暗示。因此，他们便选定山东部与山相连、三面临水的船形岗地建立都城，自封为"禹王"，其都城称"禹王城"。

据说，禹王城建起后，一直风调雨顺，十分繁荣。到明朝初，朱元璋为保江山永固，遂下令用铜钉斩断天下所有龙脉之地。但禹王城非一般龙脉之地，虽钉了铜钉仍压不住此地的王侯之气。于是，皇帝亲自到禹王城观看，见此地龙凤二脉相连，要破禹王城风水，必须斩断二脉衔接处。遂强令当地百姓，将岗地与山体相接处断为一池塘，后人称此池塘为"腰塘"。自此，岗地四周河流水患不断，房倒地毁，百姓流离失所，禹王城逐渐衰败。

新中国成立后，在党和人民政府领导下，禹王城人民移河造田，兴修水利，把昔日穷山恶水之地，改造成为美丽富饶的新城镇。有当地民谣为证：

千古一谜禹王城，水患灾荒未有穷；
古船难渡民间苦，龙凤怎镇恶人凶？
扫尽妖魔终有日，拯救人民五洲同；
抚今追昔莫忘本，万古流芳毛泽东。

5. 仙姑洞奇遇

仙姑洞，位于芳畈镇东的鞍山西麓。据清康熙三十四年《孝感县志》中载："鞍山山狮子崖之阳，下有洞，名'仙姑洞'。洞前橘一株，高数丈，大数围，干如青铜，不知何代物也。洞门高七尺许，中如堂，其高丈。堂旁有小洞数处，堂后洞窟四重，石磴高低。秉烛人，旁垂石钟乳如柱。相传有二人秉烛人行约二十余里，忽睹天日，溪水阻之，深不可度。有断石桥，隔溪茅屋骈列，花木蕃茂。溪边一女汲水，遥语二人曰：'此非尘世，渡不复返。'二人遂归。"

当地民间也流传着"懒汉求仙"的故事。相传仙姑洞附近的村庄中有一青年，父亲早逝，母亲辛辛苦苦将其拉扯大，原指望儿子长大后能成家立业，孝敬母亲，谁知他长大后好吃懒做，不务正业，周围人都叫他"懒货"。"懒货"见不少人到仙姑洞求仙很灵验，便也前往。他走到山洞深处，黑得伸手不见五指，便点燃备好的蜡烛继续前行，不知走了多远，忽见前方豁然开朗，青山绿水，楼台亭阁。他正在惊奇张望时，一位村姑来到面前，问他前来求取什么，懒货说："不求金，不求银，只求大厦和美人。"村姑说："这很容易。你家屋后有座山，山中有座金楼玉殿，你把山挖开便能得到。再在你屋门前的河上搭座桥，美女就会从桥上来到你家中。"懒货为难地说："那么大的山，那么长的桥，我一人怎能挖得开，建得起呢？"村姑笑着说："你回去后，会见到一个披头散发、反穿衣、倒趿鞋的仙姑，你求她，定会成功的。"说完，村姑和眼前的景致都不见了。懒货没精打采地走到家门口，见大门紧闭，便恶声恶气地叫老娘开门。其老娘因病卧床，一听儿子叫门，便吓得慌慌张张、披头散发前去开门，衣服穿反了，鞋子也趿倒了。儿子一见母亲如此模样，便记起仙姑所说的话，于是一五一十将求仙的事情告诉了母亲。母亲对他说："想住大厦，就要像挖山一样，勤扒苦做；想娶好媳妇，就要像修桥铺路一样，多行善事。"懒货从此醒悟过来，孝敬母亲，尊敬乡邻，手脚勤快，吃苦耐劳，很快家境就富裕起来了。后来，他真的建起了高楼大厦，娶了一位美丽、贤淑的好媳妇。

仙姑洞,至今仍在,洞前橘树早已不存,因洞周围有丰富的铜矿石,经后人长年开采,现在到处坑道纵横,洞口也被堵塞大部,只能爬行进洞。据曾爬进洞中探险的人说:洞内漆黑不平,洞径曲折,渐深渐阔,洞顶钟乳石倒悬,四壁伏满蝙蝠,因越深越险,不敢深入,半途而返。

■ 湖南地名渊源

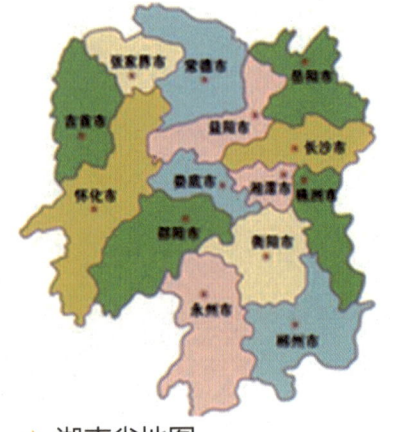

▲ 湖南省地图

湖南,简称"湘",省会长沙。以在洞庭湖之南而得名。因湘江纵贯全省,故简称"湘"。唐属江南西道和黔中道,后设湖南观察使,为湖南得名的开始。宋置荆湖南路,简称"湖南路"。元明两代设湖南道。明属湖广省,后改省为湖广布政使司。清分湖广省置湖南省,省名沿用至今。

湖南省现下辖13个地级市、1个自治州;35个市辖区、16个县级市、64个县、7个自治县。

1. 长沙市

长沙是一座历史文化名城,有文字可考的历史就长达3000多年。春秋战国时期,这里就存在了"青阳镇"。秦始皇统一中国后,"青阳镇"改称"临湘县",以依傍湘江而得此县名,并成为新设的长沙郡的治所,"长沙"一名也由此而来。汉高祖五年(公元前202年),长沙王吴芮开始在此修建城垣,城市居民有2.5万户。其后逐渐成为湖南的行政和经济中心,历代王朝均在此设置郡,历史上共封过41个长沙王。清康熙三年（1664年）开始成为湖南省的省会。1934年正式设市。

长沙作为地名，应出现于城市形成之前。长沙一名最早见于《逸周书·王会篇》，《逸周书》又名《汲冢周书》，相传为281年（晋太康二年）得于汲郡（今河南汲县）战国时期的魏安釐王墓中，则其成书至少在战国以前，虽然战国至秦汉时期篇章有所增变，但据历代学者考证其记载的史迹多有根据。"王会篇"记载了公元前11世纪周公营建雒邑竣工后，周成王大会诸侯、方国的盛况。当时"长沙鳖"是作为方物贡献给周王室的，据孔晁注"王会篇"，谓"长沙鳖""特大而美故贡也"。方物以地而名，可见长沙当时已是很有名气的地方，这是长沙之名出现有据可考的最早时间，此后在《战国策·赵策》中有"长沙之难，太子横为质于齐"，《史记·越王勾践世家》中有"长沙，楚之粟也"等，长沙的名称就屡见不鲜了。如果说历史文献在流传过程中还有可能失实的话，还有一份最有权威的资料，1986年湖北荆沙铁路修建时发掘的包山2号大墓中出土了一批竹简，其中2件有长沙之名，一为"长沙正"名"龚怿"，一为"长沙公之军"。包山2号墓的时代为战国中期，约公元前300年。以上资料证明，长沙地名的出现不晚于战国中期，可能早于公元前11世纪。据《湘川记》云："秦分黔中郡以南之沙乡地区置长沙郡，则长沙之名始于洪荒之世，而以之为乡为郡，则在后世耳。"所谓洪荒之世，也是指有人类聚居生活之始。

"长沙"一名是怎么得来的，历来众说纷纭，史籍记载各异，概括起来主要有以下几种说法：

第一，得名于长沙星。古代天文学家观测天象时选择一批星象作为定位观测的标志，创二十八宿之说。认为上有星象，下有相应的"星野"。《史记·天官书》云:"天则有列宿,地则有州域。"二十八宿中轸宿有一附星名为"长沙",古人按星象分野的理论,将长沙之地以应长沙星,认为长沙地名源于星名,故长沙又有"星沙"之称。唐张守节《史记正义》云:"长沙一星在轸中,主寿命。"又云长沙星明则"主长寿,子孙昌"。这些说法适应于封建社会人们的认识和心理需要,故长沙得名的此说影响最大,流传最广。

第二,得名于万里沙祠。"万里沙祠"一说最早见于晋阚骃所著《十三州志》:"汉有万里沙祠,而西自湘州,至东莱万里,故曰'长沙'。"此后,唐代李吉甫的《元和郡县志》援引《东方朔记》中云:"南郡有万里沙祠,自湘州至东莱可万里,故曰'长沙'。"唐杜佑《通典》中潭洲"秦为长沙郡"的自注亦云:"有万里沙祠,故曰'长沙'。"于是以后的各代地方志,多引此说作长沙得名之源,并加以阐发考释,认为长沙在古代有祭礼沙土之神的活动。据《史记·孝武本纪》记载:汉武帝在元封2年(公元前111年)春,曾到山东东莱祈祷"万里沙"(东来曲城有"沙径300余里"的沙原)。东汉应劭注曰:"万里沙",神祠也。长沙至东莱相距万里之遥,人们将此事和此两地联系,于是有"长沙者,所谓'万里长沙'之说也"。

第三,得名于沙土之地。长沙的地质结构以石英砂岩、砂砾岩、粉砂岩及页岩等为基础,经过长年的外力作用,地层崩塌的岩石,经风化和水流的冲刷,使大量的沙、石都聚积于地表,特别是现长沙市区所在的湘江河谷地带,分布着大片的沙滩、沙洲等,每当枯水时节,这些洲、滩露出,向人们展现出成片的沙土,尤其是沙粒长大,"白沙如霜雪"。在古代,自然环境未经污染破坏,这种景象很是引人注目,故古籍中多有称长沙为"沙乡"或"沙土"之地。如唐大历年间长沙太守张谓著《长沙土风碑铭》引《遁甲记》云:"沙土之地,云阳之墟。"又《路史》曰:"沙,为'长沙';云阳,为'茶陵'。"又《元和郡县志》云:"《禹贡》荆州之域,春秋为黔中地,楚之南境。秦并天下,分黔中以南之沙乡为长沙郡,以统湘川。"

第四,得名于长形的沙洲。长沙湘江中的水陆洲,长约5000米,宽约100米,是一较有特色的地理景观。关于水陆洲的出现,有不同的认识,过去人们根据宋代《太平寰宇记》说:"晋惠帝永兴二年此洲生。"认为水陆洲是东晋才出现的。但地质工作者在对长沙的地质结构作取样分析后,确认水陆洲为第四纪全新世时形成的一级阶地的典型地层,时间至少在1万年以上。古代湘江水位较低,如1986年发掘的长沙县南土毛遗址,与水陆洲南头相距不远,位置就在低于水陆洲的河滩上,遗址年代距今7000多年,其地址上层为龙山文化早期,下层形成于更新世晚期,因此,水陆洲应早在东晋以前就已出现,可能由于水位的涨落,有时被洪水淹没。

第五,得名于"蛮越"语"祭祀女神的地方"。在楚国"南平蛮越"之前,长沙居民属"蛮越"族。在蛮越语中,"长"是"祭坛"的意思,"沙"是"女神"的意思,而不是"沙土之神"。"长沙"在蛮越语中的含义就是"祭祀女神的地方"。至今,壮、侗诸民族聚居区还有女神崇拜的风俗,他们的成语中有"未立村塞,先立长沙"之语。

以上数说,经过各时代文人学者的研讨,第一、第二说法逐渐被否定。关于第一说法,认为提出"天有九野,地有九州"理论的著作《吕氏春秋》中记录了轸宿和长沙子星,但该书的成书年代约在公元前239年。轸宿名称的出现也仅在公元前443年。曾侯乙墓1件漆器上有二十八宿图和轸宿之名。此外,根据二十八宿的部分星宿在《诗经》

▲ 湖南 长沙

已有出现，可把其星宿营的出现定在西周末年至春秋时期。但以上均晚于长沙一名出现的时间。正如《善化县志》所说"星以沙而得名，非沙以星而得名也"。

至于第二说法，亦早有人提出质疑，明崇祯《长沙府志》云："《通志》谓郡有万里沙祠，曰方于周威烈王之季，不可考矣。"又明《一统志》云："在莱州府城东北三十里，夹万岁两岸，沙长三百里，是祠在东莱，与长沙无与。"综合各方面关于"万里沙祠"并无关系，长沙是否在周威烈王时始有万里沙祠，不但连记述者都认为"不可考矣"，且周威烈王在位为公元前425年至前402年，距长沙一名出现的周成王时晚了600多年，恐怕即使有万里沙祠，也在长沙地名出现之后。

第三说法和第四说法的依据基本相同，都是突出长沙的地物特征，不同的是前者偏重于个体，后者则偏重于群体。沙质土是长沙的地质结构特点，长如米、白如雪也一定是很引人注目的，但形成长约5000米的沙洲则是更壮观的景物了。地名是人类社会发展到一定阶段的产物，古代人们以其居住的自然环境的突出特征来命名地名，是古代地名产生的主要来源，这符合古代人们的认识水平和唯物主义的认识论。长沙地名，应是先民们根据长沙古代的自然环境特征而逐步确认，最后约定俗成，流传后世的，理应"始于洪荒之世"，至西周时被确认。

至于第五说法，虽无定论，但亦可作为一家之言。长沙地名的来源之多，也正诠释了地名文化的丰富内涵。

2.株洲市

株洲，古称"建宁"，后又名"楮洲"，最早见于南宋人文集。"株"字可能取自"株田"之"株"。株洲、株田相距数里，五代时株田已较著名。"洲"字取自古人以湘水两岸为之"洲"。二者连缀而成地名。一说因地多楮木，且"楮""株"同音，故又名"楮洲"。自南宋绍熙元年（1190年）正式定名"株洲"后，株洲之名沿用至今。

远古时期，株洲地区就有先民生息繁衍，炎陵县鹿原陂安葬着中华民族的始祖炎帝神农氏。考古发现，在株洲县漂沙井黄霞垅磨山有6000年前属于新石器时代早期的大溪文化遗址，以及叠在其上的4000多年前属于新石器时代晚期的龙山文化遗址。

春秋战国时期，株洲属楚国之黔中郡；

公元前223年，秦灭楚，株洲属黔中郡；

公元前202年，建长沙国，株洲是长沙国领地；

东汉建安十九年（214年），孙权割湘南县以东和醴陵、修县沿湘江东岸地带置建宁县，筑县城于今株洲市庆云山解放街、南湖街沿建宁港两岸，属长沙郡，乃株洲建县之始；

三国吴太平二年（257年），建宁县治从楮洲迁驻淦田（今株洲县淦田村）；

三国吴宝鼎元年（266年），建宁县治又复迁楮洲；

265—420年，晋一统中国，建宁县治仍驻楮洲，属古荆州长沙郡；

420—589年，南朝齐时期，建宁县属湘州长沙郡；

隋开皇九年（589年），隋灭陈，废建宁县入湘潭县；

唐武德四年（621年），复置建宁县，属南云州（州治在今攸县县治）；

唐贞观元年（627年），废除南云洲，取消建宁县。建宁县域划归湘潭、醴陵两县；

清光绪三十四年（1908年），设株洲厅。"株洲抚民府"位于现芦淞区樟树坪；

1912年，清亡，存在近五年的"株洲厅"建制被取消，株洲再度纳入湘潭县管辖；

1934年，设湘潭县株洲镇；

1947年，湘潭县株洲镇和白关乡、昭阳乡合并为株洲乡；

1949年8月3日中国人民解放军进入株洲，8月12日成立湘潭县株洲区人民政府；

1951年由湘潭县析置县级株洲市，属长沙专区；

1953年改为省辖市。

株洲市现下辖天元、芦淞、荷塘、石峰4区，株洲县、茶陵县、攸县、炎陵县4县，代管县级醴陵市，另设有云龙示范区。

 知识链接

长沙水陆洲的传说

水陆洲位于长沙市湘江中流，因洲上盛产橘子，又名"橘洲"，全长5公里，宽40～200米，若站在岳麓山上远眺，可以看见水陆洲宛若一根长带，漂浮在湘江上。对于它的来历，有种种传说。这里讲述的是一个美丽的传说。

在湘江中尚无洲的时候，江边上生活着一群渔民。渔民中有一位绰号为"胡子爹"的老人，德高望重，深受众人的敬爱。于是大家商定，

要做根腰带扎在老人腰上,让他感到温暖有力。他们挑选了7位最会编织的姑娘,编织了一根结实的白腰带,姑娘们还在腰带上绣了一座美丽的长岛。胡子爹接受了这一特殊的礼物,并把它系在腰中。

▲ 长沙水陆洲

有一天,胡子爹和渔民们在江中捕鱼突遇暴风雨,一时间,狂风大作,白浪滔天,十分危险,可处在风浪中的胡子爹只觉得腰间产生了一股巨大的力量,只划几下就到了岸边。他深感奇怪,双手往腰间一摸,才发现是腰带给了他力量。于是,他解下腰带,奋力向正在风浪中挣扎的伙伴们扔去……

腰带向江中漂去,越漂越长,越漂越大,最后漂到渔民们的面前,变成了一块腰带形的陆地。渔民们登上陆地得救了。他们知道这陆地是胡子爹的腰带变成的,都十分珍爱这块陆地,于是就在陆地上安家立户,精心耕种,将陆地耕耘成一座美丽的长岛。

第六节 东北地区地名渊源

东北地区，简称"东北"，是中国七大地理分区之一。包括黑龙江、吉林、辽宁三省。

■ "东北"与"满洲"名称的由来

1. "东北"名称的由来

用"东北"二字来概指黑龙江、吉林、辽宁是近代的事。早在春秋战国时期，北方的燕国以辽河为界，在东北设置辽东、辽西两郡。直到清代，东北仍被称为"辽东"。清初，改沈阳为"盛京"，东北统称为"盛京省"。光绪三十三年（1907年），清政府将东北划为奉天（辽宁）、吉林、黑龙江三省，东北开始被称为"东三省"。1921年，当时的北洋军阀张作霖"督办东北屯垦边防事宜"，他的奉军便改称为"东北军"。1923年4月，东北大学在沈阳建立。自此，报刊上对"东北"名称的使用也逐渐增多，并成为人们的习惯称呼。

2. "满洲"名称的由来

"满洲"的名称是由族名转变而来的。据史料记载，明朝中期，定居在吉林东部婆猪江（今浑江）地区的建州女真部落，经常受到来自松花江中游以下至黑龙江流域东濒海一带女真忽剌温部落的侵扰，再加上"朝鲜国军马抢杀,不得安稳"。1438年,建州卫部指挥命事李满住,率部族众人西退,"移住灶突山东浑河上"。不久,清太祖努尔哈赤五世祖也率所属部族300余户退至浑河支流苏子河一带,与李满住部合居在一起。尔后,努尔哈赤崛起,统一了女真族各部,于1616年在赫图阿拉,建立了大金国(后金国),以"满住"作为尊号,自号"满洲"大汗。满洲一词又可叫满住、满珠、曼珠、文殊,读音没有固定的字。清天聪九年(1635年),太宗皇太极把"女真人"改称"满洲人",满洲便成了民族的名称。辛亥革命后,人们将"满洲族"通称为"满族";因东北三省是满族兴业之地,又因汉语"洲"字有地名之意,用来假借,便把"东北"称为"满洲",成为地名。

■ 黑龙江地名渊源

黑龙江省,以黑龙江而得名,简称"黑",省会哈尔滨。1671年为抵御沙俄东侵,清政府在黑龙江沿岸修筑黑龙江城(黑河旧城),设黑龙江将军辖黑龙江流域。1907年改为"黑龙江省",省名沿用至今。

1. 哈尔滨市

哈尔滨由我国宋代女真语"阿勒锦"一词演变而来,也就是说,这个名字是女真人起的。"阿勒锦"翻译成汉语有"名誉、荣誉、声望、声誉"等含义,也有"光荣"的意思。哈尔滨这个名字最早载入史册的时间是1097年1月。女真,为满族的先族,女真文分大字和小字两种,现在传下来的很少。对

▲ 黑龙江省地图

女真语地名的汉译分音译和意译两种,"阿勒锦"是音译。因隔世久远,转译的变化也很大,起初转为"哈拉宾",直至1899年在官印《黑龙江舆地图》上才改译成"哈尔滨"。

2. 牡丹江市

牡丹江市地处黑龙江省东南部,坐落于长白山北端和完达山麓之间。"牡丹"系满语"穆丹"音转,汉译为"曲曲弯弯"之意。唐代称牡丹江为"忽汗河";金代称"胡里改江";元代称"呼尔哈河";到了清代末年才改称"牡丹江"。

牡丹江市已有3000多年的发展史,远在商周至隋朝,这里一直是满族的祖先——肃慎、挹娄、勿吉、靺鞨等部落的居住地;唐代这一带属上京龙泉府;宋代属上京胡里改路;金、元属胡里改万户府;明代女真人后裔又从牡丹江及松花江流域兴起,此地又属奴尔干都指挥司辖区;到了清朝又属宁古塔昂帮章京统辖。当时,现郊区乜河(古称尼叶赫)就是边陲重镇。乾隆二十二年属吉林乌拉等将军管辖;光绪二十三年属吉林省宁安县辖地;1931年日本帝国主义侵入东北后,牡丹江便沦陷为典型的殖民地城市,当时称"牡丹江省",而后又称"东安省""东满总省"。1937年12月1日伪牡丹江市公署成立。1945年8月14日牡丹江市获得解放,同年11月建立了人民政权。

3. 齐齐哈尔市

齐齐哈尔,别称"鹤城""卜奎",是黑龙江省下辖地级市,也是黑龙江省省域副中心城市,地处黑龙江省西部。"齐齐哈尔"源自达斡尔语,为"边疆"或"天然牧场"之意。

齐齐哈尔城始建于1125年,距今已有800多年,清康熙三十八年(1699年)起作为黑龙江省省城,长达300年之久,以"扼四达之要冲,

▲ 大庆油田

为诸城之都会"的紧要之地闻名遐迩，是一座历史底蕴深厚、地域文化纷呈的北疆边陲重镇。

4. 大庆市

大庆是地处东北黑龙江松嫩平原的一个新兴的石油城。大庆地区清初为哲里木盟杜尔伯特旗的游猎地，一直设有定居村落。1898 年沙俄修建中东铁路时，在此建立了萨尔图站。那里只有几幢站房，四周尽是些沼泽和不长青草的碱滩。

"大庆"地名源于新中国成立 10 周年的庆典。大庆市，是伴随大庆油田的开发而兴起的。20 世纪 50 年代末，我国石油工人在这里找到了特大的油田。为了庆祝 1959 年新中国成立 10 周年庆典，这个油田被命名为"大庆油田"。大庆市地名亦是由此而产生的。

■ 吉林地名渊源

吉林，简称"吉"，其名来源于"吉林乌拉"，满语意为"沿松花江的城市"。唐属东北民族地；辽属东京路；金属上京路；元属辽阳行省；明属奴儿干都司。1673 年建城，1676 年置吉林将军。1907 年将其辖区改称"吉林省"，省名沿用至今。

1. 长春市

吉林省省会长春市,位于吉林省中部。

"长春"一词寓意吉祥。据《辽史·地理志》谓长春州"本鸭子河春猎之地,兴宗重熙八年置"。辽之长春州,当以该地为"春猎之地"而得名。王国维在《观堂集林》中载:"鸭子河即今松花江,鸭子河泊即今松花江西之科尔布罕泊,其西南三十五里即辽长春州、金长春县之所在。"一种说法长春厅因当地盛开的长春花而得名,长春花乃蔷薇科野生月季花的别名;另一种说法取名于附近的长春堡。

18世纪末以前,这里一直是我国北方少数民族的游牧之地,属蒙古族郭尔罗斯王宫的领地。清王朝禁止关内农民入内开垦。自18世纪末起,破产的农民不顾禁令,前来伊通河流域垦荒种植,农业人口逐渐集聚,出现了一个较大的居民点——长春堡。这是"长春"首次作为地名出现。清嘉庆五年(1800年),清政府被迫废除封禁,在长春堡内伊通河右岸设立了长春厅,定名为"新立城"。因厅治易受水灾,加之移民不断北移,1852年厅址转移至宽城子(今南关一带),当时人口6.7万,为地方农贸型集镇。1865年修筑了城墙,占地约4平方公里。

甲午战争后,沙俄迫使清政府缔结了《中俄密约》,长春成为沙俄侵略我国东北的桥头堡。1906年日俄战争,俄国战败,日本取得了吉林省的特权。此后,日本在我国东北大修铁路,长春成为长大（大连）、长哈（哈尔滨）、长吉（吉林市）、长白（白城）、长图（图们）等铁路的交汇点，地位逐渐超过吉林市。1931年"九·一八"事变后，日本侵占了全东北，建立了傀儡政权满洲国，并把伪满"首都"定在长春，改名为"新京"。日伪统治期间，还根据所谓的"都市计划"对长春进行了大规模的建设。

1948年长春解放。1954年吉林省省会由吉林迁至长春。现在，长春是我国以汽车工业为主体的重要的综合性工业基地。

2. 榆林市

榆林市，位于吉林省东北部，东邻黑龙江省。清光绪十三年（1887年）置榆树厅，宣统元年（1909年）改置榆树直隶厅，1913年改榆树县。县城南有一古老参天的孤榆树，村名有孤榆树屯，县因此得名。1990年设市。

3. 磐石市

磐石市，位于吉林省中部。清光绪八年（1882年）置磨盘巡检，二十八年（1908年）设盘石县。县因境北磨盘山顶有一形如磨盘的巨石而得名。1995年设市。

4. 四平市

四平市，位于吉林省西南部，邻接辽宁省。1937年设四平街市，1947年设四平市。因附近村名四平街得名。据清《昌图府志》中载：四平街"东通吉林半拉山门，北至奉化县（今梨树县），西达八面城，南抵莺鹭村，其道里距离皆相若，为四达之衢，故以为名"。

5. 舒兰市

舒兰市，位于吉林省北部，邻接黑龙江省。清宣统元年（1909年）置舒兰县。舒兰，满语意为"果实"之意，因此地是采集进贡山果之地而得名。1992年设市。

■ 辽宁地名渊源

辽宁省，简称"辽"，省会沈阳，辖14个地级市。秦汉魏晋时代，在辽河以东设辽东郡，以西设辽西郡。唐属河北道。北宋时，在今河北、辽宁一带，契丹族建立辽国。辽金时代设置辽阳府。元设辽阳行省。明设辽东都司。清设辽东将军。后因辽河流域为清朝发源地，取"奉天承运"之意，改为"奉天省"。1929年，取"辽河流域永远安宁"之意，改称"辽宁省"。伪满复改奉天省，1945年收复后仍改辽宁省。新中国成立初分辽东省和辽西省，后合并恢复辽宁省，省名沿用至今。

1. 大连

大连是我国位于辽宁省南部一座美丽的海滨城市。大连这个名称是1905年2月正式确定的。

清朝光绪六年（1880年），北洋大臣李鸿章受命到现在的大连湾一带建立北洋水师和军港。当时的大连湾还没有正式名称。一日，李鸿章同一些僚属们察看海湾，极目远眺，海面上千帆摆动，万舸争流，船坞一个接一个地出现在海岸线上，一个大臣见此壮景，大发感慨："好大的阵势，连着海，接着天呵！"这句话给了李鸿章启示，他想了想，突然高声说道："海湾的名称有了，就叫'大连湾'！既气派，又实际。"后来，李鸿章在给皇帝的奏折中就第一次使用"大连湾"这个名字。这样，这座海滨城市也就被称为"大连"了。

2. 锦州市

锦州市地处辽宁省西部，是一座新兴的工业城市。关于它的名称的由来，历来有两种不同的观点。

▲ 海滨城市——大连

一种说法认为，"锦州"之名因水而得。因为小凌河流经此城。"小凌河"是今日的称呼，历史上称此河为"锦州"，也叫"锦水"。在清代的一首诗《锦州道上》有"雄城临锦水，列嶂接青冥"之句。所以，有人认为"锦州"名称由此而来。

另一种说法认为，"锦州"名称来源于它的臣民所从事的职业特点。据史载，公元902年，契丹人首领耶律阿保机率领众多军队大举进犯河北、山西等地，所到之处，大肆劫掠和蹂躏。他们抢掠了大批财物和汉人，强迫劫掠来的汉人为他们做工。他们根据每个汉人的特长，按行业分工，然后再集体发配到不同的地方。契丹人把那些善于养蚕、织锦纺绢的汉人集中安置在小凌河地区，让他们在此重操旧业，发展和繁荣养蚕、织锦行业。日久，织锦、纺绢成了此地一大特点。故认为，"锦州"名称由此而来。

知识链接

"漠河"的由来

漠河地处中国最北端。漠河县隶属于黑龙江省大兴安岭地区，位于黑龙江省大兴安岭北麓、黑龙江上游南岸。"漠河"之名来源于河的名字，此河发源于兴安岭，北连黑龙江，因其水黑如墨色故叫作墨河，后取谐音名曰：漠河。

第七节　西北地区地名渊源

西北地区，简称"西北"，是中国七大地理分区之一，包括陕西、青海、甘肃、新疆维吾尔族自治区、宁夏回族自治区。

■ 陕西地名渊源

"陕西"地名，源于周代周、召二公"分陕而治"，简称"陕"。今陕县张汴塬一带古称"陕塬"，当时的陕西就是陕塬以西的泾渭平原。唐安史之乱后设陕西节度使，陕西始转化为政区名称，大部属京畿道和关内道。宋设陕西路；元设陕西行省；明置陕西省，后改陕西布政使司；清改陕西省，省名沿用至今。

1. 西安市

西安市作为一个历史文化名城而蜚声海内外。西安历史悠久，仅仰韶文化和龙山文化遗址就有近百处，最著名的有旧石器时代的蓝田猿人遗址和新石器时代的半坡仰韶文化遗址。西安古称"长安"，自西周至唐代，先后有11个王朝定都于此，历时1100余年，有"秦中自古帝王州"之盛誉，名列我国七大古都之首。

"西安"之名始于明代。明洪武二年（1369年），取"西安长安"，即"希望长安这座历史古都长治久安"之意，将奉元路改置为"西安府"，治地在长安、咸宁（今西安市），辖境相当于今陕西彬县、周至以东，铜川、韩城以南，镇安、山阳、商南以北，即关中主要地区。此后辖地范围有所缩小。现西安市因明清时一直作为西安府的治所而得名。

明末李自成起义时曾将西安改称"西京"。1928年设"西安市"，1930年改称"西京市"。1943年又复称为"西安市"。明代以来一直是陕西省的省会。

历史文化古城西安，是由数百个老村镇、上千条老街巷组成的。伴随这些老村镇老街巷，它们的名称已经远不是一个标示地理位置的符号了，而是千百年来的历史沉淀和文化遗产，成为古都西安一笔非常珍贵的地方文化财富。

（1）上古文明的历史遗迹

西安市区的许多地名、村镇、街道名，都与西安的历史有着密不可分的关系。

在西安户县、周至，有许多非常古老的地名，如户县城北的韩村，村南遗留一夯土堆，系夏、商、周崇国城堡遗址。崇国在氏族部落联盟时期是一个占据渭水中游的方国。而这个城堡，也就是迄今所知西安地区"城"最早的起源。因在古城堡遗址（土堆）上有过韩仙子庙而得名"韩仙村"，直到清末民初仍沿用此名，后简称"韩村"。现分为东韩村、西韩村，如今成为远近闻名的农民画乡。

而周至的地名，则与远古时期来自西方沙漠地区的"骆人"（以骆驼为图腾的部落或族名）的祖先迁来有关。户县中部的三过村，相传大禹在治理沣水时住在此处，但他一心治水，三过其门而不入，为赞其德而得其名。如今户县县政府所在地甘亭镇，即4000年前夏启与有扈氏大战于崇城南郊的甘，夏启在这里作过《甘誓》。秦代在崇城设户县，城南设立过甘亭，当时亭为军事单位。隋代把户县县城从今韩村迁来，以古亭为县治，因而后来人常称户县为"甘亭"。1993年设镇时命名为"甘亭镇"。

从西安周边的这些古地名可以看出，上古时期骆、禹等部落领袖及4000年前的古扈国等，均在户县、周至频繁活动过，从而留下了一些非常古老的地名。

从这些地名上来看，在上古时期，这里就是非常适合人类居住的区域。而到西周时期，这里又演变得更为兴盛。如今在户县城东有条主干大街叫"丰京路"，中段通过小丰村。葛慧说，这就是人们所说的西周文王所建的"丰京"。经过发掘，已发现大量文化遗存。此村原名"大丰村"，清代江浙总督梁化凤为沣河西岸大丰村人。一天康熙皇帝在京城大丰园宴请梁化凤，询问其家乡情况，说到村名时为避讳康熙的大丰园，他对康熙说家住小丰村。随后，梁化凤赶忙通知家乡改了村名，于是原来的大丰村就改名为"小丰村"了。

另外，长安区斗门镇的镐京乡和丰镐村，都与西周武王有关。西周文王建成丰京不久即逝世。武王即位次年又在沣水东岸另建了比较大的镐京。镐京的位置在今长安区斗门镇北侧，而镇东的丰镐村仅距镐京遗址有10多里路。根据周原出土的西周初期甲骨记载，镐京最初写作"蒿"，是以流过城址的蒿水而得名的。蒿

水即今日的滈河。汉武帝建造昆明池时，截断南山诸流统一汇入沣河支渠昆明渠，滈河便流到这里。斗门镇就位于汉武帝昆明池的西岸，以出口有斗渠闸门而得名。

（2）秦代文化的风烟印痕

秦岭主峰叫"太白山"，这名字其实为秦人所取。秦人以养马起家，春秋时，逐渐强悍起来的秦人不断向东扩张，到秦文公时很快攻占今陕西眉县一带，并建都平阳。秦人每到一地都要设立祭坛祭祀祖先白帝，而白帝是西方之神。秦文公的儿子秦武公就将秦岭最高峰命名为"太白山"，并将太白山主峰作为祭坛。今天太白山主峰太白庙和附近许多山峰以及周至与宁陕交界山岭处的十几座小型的"文公庙"，都是秦武公祭祀其父秦文公所建的庙宇。经过几千年的历史变迁，这些名称仍能延续至今，实属不易！

秦渡镇、芷阳村、灞桥、栎阳、雨金镇等名称的来历，都是秦时在西安留下的历史文化印痕。其中，户县秦渡镇是当年秦穆公率部的驻地。因地处沣河西岸，并有渡口，因此得名。雨金镇则是秦献公十八年（公元前367年）时，突然天降陨石雨，金属块从高空纷落栎阳南边。这其实是彗星进入大气层时未烧尽的陨石，然而秦献公以为是天降祥瑞，于是就在栎阳南郊设立祭坛，以祭祀他的祖先白帝。今天临潼的雨金镇就是秦献公设立祭坛的地方，地名便由此而来。

此外，秦在咸阳建都后，在西安周围也留下许多与都城相关联的地名。如西安西郊的阿房宫村，三桥街道办南的大古城村、小古城村，灞桥区东部大路上的小村——邵平店。邵平店是秦东陵侯邵平居住的地方，邵平是主管秦东陵的高级官员。因村在大路口，故以其名取名"邵平店"。

临潼区有个"铁炉镇",经考古探测,镇所在的街有秦代冶铁遗址。秦末收天下铜兵器运至咸阳,铸12个巨大的铜人立在阿房宫前,然而关东各地起义农民使用了较易制造而且更锋利的铁兵器,促使秦朝也在此制造铁兵器,从而留下了这个地名。位于临潼区东的马额镇,更与秦兵器有关。现在区博物馆还藏有秦代铸战马所装备的青铜"马额"(即保护马面部的装备)实物。马额在铁炉街以西,已发现秦代铸造遗址多处,为铸造"马额"的主要作坊地,故得其名。明万历元年(1573年)设马额镇。

(3)汉朝典故与历史传说

在西安城区,以汉唐时留下的地名、街名最为丰富。这从另外的视角印证了在汉唐时,西安军事、经济、文化的发达与兴盛。

当年刘邦取得天下后,在洛阳商议何处建都一事时,将领们大都是函谷关外以东的"关东人",因此都不情愿建都咸阳。最后还是依了另一官员建议,决定建都关中,暂以今阎良城区东侧的栎阳城为都,并命萧何负责修建都城,两年后又迁到现在的未央区。因秦始皇实施暴政,又连年战火,使百姓饱受战争之难,而国情民心要求长期安定,故遂将都城定名为"长安"。这其实就是长安名字的本意。

现在西安北郊的清明门(分清东、清西两村)、玉女门(分玉东、玉西)、城角村、吴高墙、高庙村、六村堡(六城堡、汉城西城角村)、西门延秋村(长安城西城南门,王莽改为万秋门,唐代又称延秋门)和东清门村等,这些村名都是因汉长安城墙而得名的。

在距未央宫前殿不足200米的地方,有一个村庄叫"天禄阁"。现有西汉天禄阁遗址,是一个高7米、周长32米的夯土台,上面有一座明代建的庙宇叫"刘向祠"。小庙的砖铺地面上,还遗留着清同治年间清政府挑起回汉仇杀时天禄阁村民在此惨遭大批屠杀的印迹。天禄阁原来就是西汉的国家档案馆，后来王莽不重视文书、档案的作用，就毁了天禄阁等地，作为铸造钱币的地方，现在这里只留下一个地名。

临潼新丰镇的得名也与汉刘邦有关。公元前200年，刘邦把他的父亲从故乡江苏沛县丰邑搬来，封为太上皇（中国历史上的第一个太上皇）。可他的父亲舍不得离开故乡、邻居，他便派人到家乡沛县丰邑将当地的村舍、街巷绘制成图，在今新丰镇按图施工，照原样把所有的村舍、街巷修建起来，取名"新丰"，设为"新丰县"。接着把原来沛县丰邑的男女老幼迁来，让他们站在路口各自寻找自己的家门，这才使刘邦的父亲大悦。宋大中祥符八年（1015年）降县为镇。这就是今天新丰镇的起源。

还有北郊与汉漕运有关联的河止西村、灞桥区的漕渠村、新渡（今新筑）等七八个老村名，都是汉武帝修建漕渠时所留下的名字。另外，三桥街办北的卢家口村、大白杨北的讲武殿村等无一不与汉时政治、经济、文化有关。还有临潼区的鸿门堡、代王镇，长安的细柳镇、斗门镇等，在西安周围区县有不少地名，均是汉时留下来的文化印记。

（4）盛唐风采的记忆传承

唐代留给西安的文化财富最为丰富，唐皇城街道便是其中之一。如今西安市内的东、南、西、北四条大街就是唐皇城留下的古街。

东大街，东起东门（长乐门），西至钟楼。西段位于唐长安皇城的第四横街，即"景风门街"。到元代仍称"景风门街"。明初西安府城扩建，大街向东伸延至长乐门。清初称"东门大街"，清顺治年间因秦府萧墙改筑满城，其城南墙筑在这条街的南侧，沿墙南侧从钟楼至马厂子一段称为"顺城巷"。辛亥革命后，满城被拆毁，陕西督军张凤对东大街做了较大的整修。

1927年改名"中山大街"，1953年改为"东大街"，1966年曾一度称"东风路"，1972年仍恢复为"东大街"。如今街道已是古城西安最为繁华的商业街区。

南大街因位于钟楼南而得名。在唐代因直通皇城南墙东门安上门，故称"安上门街"，也叫"安上街"。因唐皇城正门朱雀门常为皇帝和紫袍朝臣才能通过，因此安上门街就成为当时最为繁华的一条街道。当时，韦、杜等朝廷重臣都在城南韦曲、杜曲修建有别墅，因此他们常从此门出到别墅去。

位于钟楼以西的西大街，东起钟楼，西至西门（安定门）。是以钟楼为中心辐射出的四条大街之一，现以方位得名。建于公元582年，为唐皇城中心大街第四横街西段。距今已有1400多年，是世界最古老的街道之一。西大街在唐代称"顺义门街"，横过唐长安皇城西墙中门顺义门，东至安上门十字（即今钟楼十字）与景风门相接。当时，唐朝最高行政机关尚书省和六部设在东段北侧今鼓楼两侧。唐后，宋、元、明、清、民国的地方首府永兴军路、奉元路、京兆府、西安府、民政府（厅）、长安县署等重要衙署均设在此街北侧。因隋唐皇城相对宫城又称"子城"，唐后至南宋仍称子城厢正街。中段又称"指挥街"，元代分为指挥东街和指挥西街。明清重建西门后，西段称"西门大街"，钟楼西称"西大街"，民国初统称"西大街"。

▲ 西安东大街

1936年铺为石子路，1953年建为水泥路面。1966年曾改名"反帝路"，1972年恢复为"西大街"。西大街是西安的商贸中心和交通主干道。近年经政府拓宽重建，钟鼓楼广场向西扩大，并重建城隍庙牌楼，建成一条以仿古建筑为主、突出西安历史文化的商业大街。

北大街，是唐皇城通往城北宫城的南北通道。因其他街道都由所对应的城门命名，而此街北段在过去未见记载。但史书有说外国进贡的贡品方物珍器，经长乐门进城，估计说的就是这条街了，所以，在唐代北大街可能应称"长乐街"，因为其直通的是宫城南墙东门长乐门。根据唐城图，当时这条街进入宫城后通到宫城北门到今天的自强路十字了，说明比现在的北大街稍长一些。北大街在1936年时修为石子路，1953年拓宽建成水泥路。1966年改名"延安路"，1972年恢复原名。

"东大街"是西安城发展史的缩影。"西大街"为古长安的中心大街。"南大街"是唐皇城最繁华的街道。"北大街"系唐皇城、宫城的通道。"广济街"为唐皇城承天门大街，唐承天门广场向南一条直对朱雀门之间的大街，也就是曾经显赫一时的承天门大街，街宽百步，也简称"天街"。当时，街上行人不多，只有皇帝出巡辇车驾走在中间，或者身穿紫袍的重要官员行走在两侧道上。街道两旁有流水御沟，并栽植有槐树，是唐皇城的标志性街道；"含光街"是唐长安城的迎宾大街。"长乐路"则是唐朝国运的经济命脉。今"咸宁路"更是唐京城最为繁华的大街，也是进入长安城的主要通道。当年日本来唐留学僧空海、圆仁都是从此进入今丰庆路南侧的西明寺的。

2. 宝鸡市

宝鸡原名"陈仓"，以陈仓山而得名。秦置"陈仓县"，唐改称"宝鸡"，并沿用至今。陈仓更名宝鸡是唐肃宗时的事。天宝年间，安史之乱，玄宗奔蜀，肃宗于战乱中在甘肃灵武即位，改元至德。肃宗平叛，进驻凤翔，称凤翔为"西京"。《旧唐书·本纪》载："肃宗至德二年二月戊子（初十）幸凤翔郡。"《旧唐书·地理书》凤翔府下载："至德二年，肃宗自顺化郡幸扶风郡，置天兴县，改雍县为凤翔县并治郭下。初以陈仓为凤翔县，乃改为'宝鸡县'。"又在宝鸡县下载："隋陈仓县。至德二年二月十五日改为'凤翔县'，其月十八日改为'宝鸡县'。"唐肃宗初十到凤翔，即置天兴县，改雍县为"凤翔县"。十八日又改陈仓县为"宝鸡县"。揣其用意，当是取"天兴唐室""凤翔原野""宝鸡殷鸣"（历史上曾有"宝鸡殷鸣"的故事，并被当作秦国历史载入史册）的吉祥之意。

■ 青海地名渊源

青海，简称"青"，因青海湖而得名。据《水经注》中载，早在公元前5世纪时，这里就称"青海"了，也有写作"西海"的，唐以后多以"青海"为正名。唐宋属吐蕃；元其土地属宣政院管辖；明属朵甘都司等；清初为卫藏地，后分设西宁办事大臣，又称青海办事大臣，为青海得名的开始；民国初设青海办事长官，后属甘边宁海镇守使，1928年设青海省，省名沿用至今。

1. 西宁市

西宁市在历史上先后有"西平""西都""鄯善""鄯州""鄯城""青藏城""湟水"等名称。秦以前这里属羌族事务的护羌校尉。汉昭帝始元年间在此设立了军据点西平亭，这是西宁最早出现的地名。东汉建安年间设西平郡，改西平亭为"西都县"，作为郡治。此状况一直持续到北魏。其间，因甘肃省河西走廊被群雄割据而导致丝绸之路堵塞，

▲ 青海 西宁

一些僧侣和商人另辟从西宁出发经柴达木盆地前往今新疆的通路。北魏统一中国北方后，将西平郡改为"鄯善镇"，后又改为"鄯州"。唐仪凤三年（678年）设置了鄯城县。安史之乱后，吐蕃夺取鄯城，改称"青唐城"。北宋元符二年（1099年）在此设湟水县，并再次作为鄯州治所。

宋崇宁三年（1104年），取"西平安宁"之意将"鄯州"改为"西宁府"，西宁由此而称。明初改为"西宁卫"。清雍正二年（1724年）改为"西宁府"。民国后改称"西宁道"。1928年青海省成立，西宁定为省会。1944年正式设立西宁市。

2. 玉树市

1951年设立玉树藏族自治区（专区级），1955年改称玉树藏族自治州。玉树（又译作玉舒、优秀、优受），藏语意为"（宫殿）遗址"。相传过去有部落头人垦布那钦（一译肯布那钦）率领部众在通天河支流聂恰曲流域（在今治多县境内）、格萨尔王岳父嘉洛的宫殿遗址（格萨尔王妃珠姆）一带活动，其部落遂被称为"玉树（优秀）"族。

3. 大通回族土族自治县

宋崇宁三年（1104年），改达南城为大通城（今门源县浩门镇）。清雍正三年（1725年）置大通卫（治今门源县浩门镇）。乾隆九年（1744年）大通卫迁治白塔城（今大通县城关镇），乾隆二十六年（1761年）

改大通卫置大通县。1958年迁驻桥头镇。县以大通河（古名浩亹水，因宋大通城而改名）而得名。1985年改设大通回族土族自治县。

4.贵德县

西汉筑归义城（在今贵德县尕让乡境内），元至元八年（1271年）设贵德州，取"以德为贵"之意。明洪武四年（1371年），改贵德州为归德州，洪武八年（1375年），又改为归德守御千户所，清乾隆四十七年（1782年），改归德所为贵德所。乾隆五十六年（1791年），改贵德所为贵德厅。1913年改设贵德县。

甘肃地名渊源

甘肃一名始于11世纪西夏王朝设置的十二监军之一，治所在甘州（今张掖县），辖甘州、肃州（今酒泉）二州，取二州首字组成"甘肃"。唐属关内道和陇右道；宋时东部属宋秦凤路，西部属西夏；金分秦凤路为秦凤、临洮、庆原三路；元初以甘州置甘肃路（不久即改甘州路），为甘肃得名的开始，后改宁夏行省为甘肃行省；明为陕西行都司；清分陕西省恢复甘肃省，元设甘肃行省；明代并入陕西省；清代恢复省治，取全称中的"甘"字作为简称。

因陕甘两省间有陇山，甘肃古时别称"陇西"，故又简称"陇"。

1.兰州

兰州市别称"金城"。新石器时代这里属仰韶时期的马家窑、半厂、马厂等类型文化。殷周时期为雍州的属地，是我国西部的羌人驻牧地。秦代为陇西郡的属地。汉代取天水、陇西、张掖三郡各两县，于昭帝始元六年（公元前81年）设置了金城郡，其中的金城县在今兰州城区南，所以兰州有"金城"的别名。

隋文帝开皇元年（581年）废郡设州，7年后设置总管府，并开始筑城，因城南有皋兰山，故名"兰州"。这是"兰州"作为地名的起始。

1941年，兰州正式设市。现在兰州市已发展成为西北地区的中心城市之一、重要的铁路枢纽、甘肃省省会。

2. 甘肃其他地名的由来

（1）酒泉

酒泉城东1公里处是一座清宣统辛亥三月立的大碑，碑面上刻有"西汉酒泉胜迹"6个刚劲的大字。石碑后有一清泉，名曰"酒泉"，距今已有二千年的历史。相传，汉将霍去病在江河西击败了匈奴，捷报传到长安，汉武帝赏赐御酒一坛。霍去病为让将士们共尝美酒，下令将御酒倒入金泉之中，让三军畅饮。从此，金泉泉水便带有浓重的酒香味，故名"酒泉"。还有学者认为，酒泉郡名，系以泉命名，具体说是因武帝初东方朔所著《神异经》记载西北荒中有一其味如酒的酒泉而得名。

▲ 东方朔

（2）玉门

据史书记载："汉置玉门关屯，徙其人于此。"故名"玉门"。玉门县始建于西汉武帝元鼎六年（公元前111年）。后置玉门郡。清乾隆二十四年（1759年）复设玉门县。1955年成立玉门市。

（3）泾川

县名。西汉时期，曾在泾河川道设安定县。北魏太武帝初置泾州。金大定七年（1167年）改为泾川县，始用泾川县名，因地处泾河川道而得名。

（4）敦煌

公元前111年，西汉设立敦煌郡，取"盛大辉煌"之意，始有敦煌之名。后各代又称"沙州"。1760年复设敦煌县。1987年改为敦煌市。

（5）庆阳

庆阳位于陇东山区，地处泾河上游，黄土高原中部。一种说法因此面靠山，在山之南、水之北谓之阳而得名庆阳。另一种说法庆阳在远古时为不窋城，夏王二十二年，不窋的孙子公刘迁居陕西旬邑，后代为祭祖下榻方便，在庆阳修了庆阳行宫，而取名庆阳。庆阳古称义渠、郁郅、弘化、顺化、安化，宋改庆州为庆阳府。1914年废府存县，改安化县为庆阳县。庆阳县城处于山环水抱之中，为历代军事重镇，古人因势筑城，其形似凤，故又名凤凰城。

（7）镇原

镇原之名始于元朝。因唐代此地称原州，宋、金时曾设镇戎军（州），故元代合并镇戎、原州时称为镇原州。明洪武二年（1369年）改镇原州为镇原县，沿袭至今。

（8）平凉

平凉位于甘肃省东部，六盘山东麓。公元358年，秦符坚欲讨前凉，于高平镇置平凉郡，取平定凉国之意，平凉由此得名。

新疆地名渊源

新疆，以其为新辟疆土而称新疆，辖区古称"西域"。西汉设西域都护府。东汉魏晋改"都护"为长史。唐代设伊、西、庭三州和安西、北庭两个都护府。17世纪中叶以后，清朝平定了准噶尔部叛乱，在天山南北设伊犁将军。清光绪十年（1884年），改为"新疆省"，意为"故土新归"。1955年,设新疆维吾尔自治区,取全称中的"新"字作为简称。

1. 新疆地名趣谈

新疆地名有其特殊性,这是因为新疆自古以来就是众多民族繁荣与消亡的历史舞台。那些古老的民族或多或少都留下了曾经存在的痕迹,其中就表现在他们留下的地名上。

但这些地名是哪个语系、含义是什么,目前我们还没有一个确定的解释。如"伊犁""吐鲁番""和田"等,但它们有一个共同的特点,不管哪个朝代、哪个民族,其叫法都一样,只是发音不同而已。如"和田",维吾尔族就称其为"霍坦",这样的地名南北疆都不少。

后来,新疆建省、划区县,有些地区就沿用了原来的叫法。如"阿克苏""玛纳斯""博尔塔拉"等,但更多的县市有了官方名称,这样就形成了一个地方有两个名字的情况。

如汉语的"鄯善",维吾尔语叫"皮前";"哈密"又叫"库木尔";"伊宁"叫"库尔佳";"焉耆"叫"喀拉沙尔"等。这样的双语名称,在南北疆就更多了。

有趣的是,有一个县的名字颠倒过来了,那就是"乌苏"。原来这个地方有一眼泉水和一个小湖,蒙古人叫它为"黑水",即"库尔喀拉乌苏"。而汉族人因为它在迪化以西,故叫它为"西湖"。可是现在颠倒过来了,汉族人叫开了少数民族的叫法"乌苏",而少数民族也放弃了自己的叫法,改叫"西湖"(什霍)了。

之所以这样,大概是因为建立县市时,大家认为叫原来的名字好一些吧,就简称为"乌苏"了。汉族人也就跟着官方开始叫"乌苏"了,而少数民族同胞没有放弃已叫熟的"西湖",仅此而已。

还有一个有趣的地名现象:伊宁市到惠远城路途中间有个小站,

80多年前叫"截梁子"。

那时的交通工具是叫"堂车"的三套马车,一走就是一天。两个城市之间有25公里的戈壁滩,只在截梁子山口有一条小溪,所以堂车在这里必须停车,人吃午饭、马吃草料。

现在戈壁已变成良田,土路换成了柏油马路,汽车代替了马车,路程也缩短为半小时,"截梁子"也变成了"界梁子",只有抓饭、烤包子,仍始终如一地保留在那里。

2. 乌鲁木齐市

"乌鲁木齐"源自蒙古族的准噶尔部语,"乌鲁"意即"美丽","木齐"指"草场",地名寓"优美的草场"之意。公元前2000年左右,境内建立了"卑陆后国"。公元前20年左右建立了"东师后国"。自公元2世纪起,漠西蒙古"额鲁特"部落、维族人的祖先铁勒人、内地汉民及其他少数民族先后移民于此。到了宋代,这一带先后形成了5个颇为繁华的居民点,汉人称为"北庭五城",少数民族称之为"别失巴里"。清乾隆二十八年(1763年)将其扩建成面积10.8平方公里的小城,并更名为"迪化"县,意为"启迪教化"。光绪七年(1881年)新疆建省,

▲ 新疆　乌龙木齐

迪化被定为省会，扩建成一中型城市。新中国成立，于1952年废除了"迪化"这个污辱少数民族的名称，复名"乌鲁木齐"。

■ 宁夏地名渊源

公元5世纪初，匈奴贵族赫连勃勃自以为是夏后氏后裔，故将建立的割据政权定国号为"夏"。宋代，党项族拓拔氏首领李元昊称帝，定都兴庆府（今银川），立国号"夏"，创立文字，建西夏王朝。13世纪，元灭西夏，取"平定西夏永远安宁"之意，在这里设"宁夏行省"，始有"宁夏"之名。明属陕西省，改宁夏路为宁夏卫；清改宁夏府，属甘肃省，并设宁夏将军；民国初设甘边宁夏护军使，后置宁夏省；1958年设宁夏回族自治区，取全称中的"宁"字作为简称。

1. 银川市

银川市是一座历史文化名城。新石器时代已有先民在此活动。汉武帝年间兴建"北典农城"，又称"钦汗城"，位于现银川市东郊，为屯田植谷的仓储之地，系银川城前身。唐高宗仪凤三年（678年）在今银川的城所再建怀远新城，为银川市区之发端。宋代成为西夏的首都，先后称为兴州、兴庆府、中兴府，俗称"东京"。蒙古灭西夏时该城几乎被彻底摧毁，元中统二年修复。清雍正元年在中兴府城东北5公里处修筑了满城，但乾隆三年（1738年）的大地震使满城变为一片废墟。

"银川"一词最早出现于明末清初。明万历年间，诗人刘敏宽曾有"俯凭驼铃临河套，遥带银川挹贺兰"的诗句，但无明确地名意义。乾隆十八年（1753年）府城西创立银川书院，银川作为府城别名首次出现于半官方机构。两年后完成的《银川小传》对银川地名的流传起了关键性作用。1947年正式定名为"银川"。自1929年以来，银川一直是宁夏的省会、首府。

相传古时候贺兰山飞来的一只凤凰，看到这里黄河横贯、麦浪翻滚，一片风光秀丽的江南景象。不忍离去，竟化身为一座美丽的城市——银川。东门外的高台寺是凤凰的头，凤凰头挨到黄河边；高台寺旁边有两眼井，是凤凰的眼睛；鼓楼是凤凰的心脏；西塔和北塔是凤凰的两只爪子；西马营湖泊相连，林茂草密，花团锦绣，那是凤凰的尾巴，一直拖到贺兰山麓。

2. 其他各城市地名的由来

（1）贺兰

东界黄河，西依贺兰山，与内蒙古自治区相邻。清属宁夏县，1942年改置贺兰县，以县西贺兰山为名。

（2）石嘴山

贺兰山北段与黄河交汇处。1960年设石嘴山市，因境内石嘴山之特征而命名，"山石突出如嘴"。

（3）吴忠

其地名得于明朝洪武初年（1368—1398年），是当时灵州守御千户所领十三个屯堡之一，以屯长吴忠命名为吴忠堡。

（4）盐池

北邻内蒙古自治区鄂托克前旗，东邻陕西省。唐贞观年间置盐州，天宝元年（742年）更名为五原郡，北宋为盐州，1913年改为盐池县。以境内有天然盐湖而得名。

（5）海原

建于清同治十三年（1874年），当时名海城，民国三年（1914年），因与辽宁省海城县同名，因县有海都原，遂改为今名海原县。

(6) 中卫

明建宁夏中卫，清改中卫县。据《读史方舆纪要》载，明代曾在宁夏设置前、中、后三卫，中卫就是因袭了宁夏中卫的名称，因而得名。

(7) 西吉

1942年设西吉县，以当地回族中最大教派哲赫忍耶的宗教中心，"西吉滩"为县名。"西吉滩"似与恝斯兰教派"希吉来"有关，为阿拉伯语"迁徙"之意。传说穆罕默德于公元622年9月由麦加迁到麦地那。后来定该岁首为回历纪元元年元旦。

(8) 固原

汉置安定郡，北魏为原州，明改固原州，因地势险固而命固原。1913年改为固原县。早在诗经中就把固原称之为大原。固原有固我中原的意思，因为关中四塞——萧关在固原，这里是通向关中和中原的门户，守住了此地，就巩固了中原。

(9) 隆德

宋设隆德寨，金改隆德县，以寨为县名。最早的隆德县城在今西吉县将台乡南的火家集古城遗址，为北宋天禧元年（1017年）修筑，当时称羊牧隆城。庆历三年（1043年）在此设寨，取羊牧隆城和德顺军的"隆""德"二字名隆德寨，是为隆德地名之始。

 知识链接

青海省历史古今地名对照表

1. 两汉

允吾——今民和下川口；

临羌——今湟中通海乡；

河关——今贵德县；

龙夷——今海晏三角城；

西海——今青海湖；

破羌——今乐都老鸦城；

安夷——今平安县平安镇；

西平——今西宁市；

西都——今西宁市；

白土——今化隆东南；

建威——今尖扎县。

2. 三国两晋南北朝

莫何川——今乌兰县莫河一带；

廉川堡——今乐都冰沟堡；

伏罗川——今都兰县诺木洪一带；

伏俟城——今青海湖西铁卜加古城。

3. 隋唐

鄯州——今乐都；

西平——今乐都；

浇河——今贵德；

广威——今化隆；

远化——今共和；

赤水——今兴海；

湟水县——今乐都；

河源——今兴海县境；

鄯城——今西宁市；

河津——今贵德；

米川——今循化；

龙支——今民和古鄯镇；

洮阳——今黄南州境内；

达化——今尖扎；

大非川——今共和西南切吉草原。

4. 宋元

宗河——今湟水；

邈川——今乐都；

积石州——今循化；

鄯州——今西宁市；

贵德州——今贵德；

湟州——今乐都；

乐州——今乐都；

青唐城——今西宁市；

林金城——今湟中多巴；

倚廓县——今西宁市南川；

积石军——今贵德。

5. 明清

归德——今贵德；

碾伯——今乐都；

巴燕戎——今化隆；

丹噶尔——今湟源；

那拉萨拉——今日月山；

察卜齐雅勒——今共和恰卜恰附近。

6. 民国时期

巴戎——今化隆。

第八节　西南地区地名渊源

西南地区，简称"西南"，是中国七大地理分区之一，包括四川、贵州、云南、重庆直辖市、西藏自治区。

■ 四川地名渊源

四川，简称"蜀"或"川"，省会成都。地处中国大陆西南腹地，东部为川东平行岭谷和川中丘陵，中部为成都平原，西部为川西高原，与陕西、贵州、云南、西藏、青海、甘肃、重庆诸省市交界，是国宝大熊猫的故乡。

四川辖区秦时设蜀郡；汉设益州部；唐设剑南道，又分剑南东川、剑南西川两节度使。宋设西川路和峡路，后将西川、峡二路分为益州、梓州、利州、夔州四路，合称"川峡四路"，简称"四川路"，"四川"一名由此产生。元时合并四路，设为四川行省。明置四川省，后改四川布政使司；清改四川省。新中国成立初分为川东、川南、川西、川北四行署，后合并恢复四川省，省名沿用至今。

四川省现下辖1个副省级市、17个地级市、3个自治州，其中包括51个市辖区、16个县级市、112个县、4个自治县。

1. 成都地名由来

成都市是一座历史文化名城。远在3700多年前的殷商初期，这里就有原始部落聚居。西周时期，一些游牧部落开始从成都平原周边高阜丘陵逐渐向平原水洼地区迁移。周末，成都为蜀国辖地，蜀王开明第九世从郫县徙治成都时，提出"一年成邑，二年成都"的口号。这就是"成都"一名的由来。

然而，"成都"这一名称是秦国吞并蜀国后才正式出现的。根据《蜀王本记》的记载可知，当时中原人根据蜀语译为"蜀都"。公元前316年秦惠王派张仪和司马错灭蜀后，就将蜀都改为"成都县"。因后蜀称帝的孟昶命人在城墙上遍植芙蓉树，以至于当时一到秋天便四十里花开如锦，所以成都又别称"蓉城"。

自元代于1286年正式设置四川中书省起，成都就一直是四川的省会。

（1）天府之国

四川被誉为"天府之国"已有2000多年的历史。"府"在古文里有"聚和"藏"的意思，人们把聚藏财富的地方也称作"府"。

早在秦、汉以前，以重庆为中心的巴国和以成都为中心的蜀国（简称巴蜀），因土地肥沃，物产丰富，地形险恶，被誉为"天府"。在古人的心目中，这就是"天聚""天赐"的意思。用"天府"二字喻巴、蜀，初见于史书《战国策·秦策一》，苏秦对秦惠王说："大王之国，西有巴、蜀、汉中之利"，"田肥美，民殷富"，"沃野千里"，"此所谓'天府'"。

（2）元通桥

原名"古圆通桥"，为一石拱桥，始建于清雍正八年（1730年）。

桥旁原有圆通寺,清末民初(约1911年)已毁。"圆通"一词为佛教术语,意思是不偏不倚,无阻无碍。《华阳县志》云:"圆通桥,道光10年重修,宣统元年培修。"1965年,古桥仍完好无损,次年改建为平板桥。桥侧即元通场。

(3)高升桥

高升桥在民国年间得以重修。《华阳县志》云:"高升桥,清康熙时(约1691年)创修,乾隆二十五年(1760年)补修,嘉庆十七年(1812年)重修,民国十年(1923年)培修。"原为石桥,光绪年间翰林院侍讲学士颜楷(1877—1927年,字雍耆,成都人)曾为此桥题名,镌刻石碑立于桥侧。今碑佚桥亡,仅存地名。

(4)三教庵

三教庵始建于清同治十年(1871年)。供奉儒教之祖孔子、佛祖释迦牟尼、道教之祖老子,寓"三教合一,劝人行善"之意。民国年间,大部分建筑被毁,仅存正殿,1960年改建为小学。

(5)红牌楼

红牌楼在宋元时期只是一个小旅店,后当地人为祈求五谷丰登于1913年改称"永丰场"。《华阳县志》中载:"明嘉靖中(约1543年),蜀(藩)王于此建坊。北人谓'坊'曰'牌楼',当时藩府亦沿是称,故今俗犹呼'红牌楼'也。"明蜀藩王朱椿在离城约10里的此地建牌坊,乃效秦汉十里长亭之意,以便接送康藏地区来朝的官员。因牌坊系用红砂石建造,故当地人称之为"红牌楼"。

(6)簇桥

又名"簇锦桥"。"簇"的字义是供蚕吐丝作茧的用具,多用农作物的秆如油菜秆、麦秆等扎成。簇桥在明代以前为竹索桥。明惠帝建文年间（1399—1402年）改建为五孔石拱桥，跨度30米，中可行船，两边有石栏杆。民国年间重修之。《双流县志》云："明嘉靖二年（1523年）培修。"桥墩所刻文字则云："清咸丰三年（1853年）由当时广都（今双流县）民众重加修缮。"1972年改建为水泥平桥，桥旁为簇桥镇，盛产蚕丝。自秦汉以来，成都为蜀锦生产的中心，而簇桥地处成都平原腹心，故栽桑养蚕业十分发达，丝织品和生丝的交易十分繁荣。唐宋时期，因蚕丝交易兴旺，簇桥一度改称为"茧桥"。明清之际，无论是东路的资州（今资阳市）、北路的法川（今三台县）、南路的嘉州（今乐山市）、西路的灌县（今都江堰市），还是省外的湖北、陕西、江西、广东等地的丝绸商人都云集于此。

▲ 陕甘总督杨遇春

（7）桓侯巷

桓侯为张飞封谥。巷内有张爷庙（又名桓侯庙），为清代成都屠宰业所建，因张飞是杀猪匠出身，故屠宰业均祀张飞。庙后有张飞衣冠墓，墓东一泓碧水，名放生地。"文革"中，墓改建为防空洞，地亦不存，遗址今为小学。

（8）簧门街

簧门乃学宫大门，古代读书人考上秀才，称为"身入簧门，天子门生"。清道光十五年（1835年），战功赫赫的陕甘总督杨遇春（1761—

1837年，崇庆州武举人）告老还乡，皇帝特于此处御赐一座园林别墅，内有观稼亭。宣统二年（1910年），杨氏后人将此园林别墅捐出，作为存古学堂校址，学堂内设四先生祠，供宋代四川著名学者范景仁、范淳甫、张南轩、魏鹤山。学生来源在举人、贡生、秀才、监生中择优录取。民国元年（1912年），更名为"四川国学院"。民国十九年（1930年）并入四川大学，原校舍的一半改建为"济川中学"，即今成都十六中。

（9）老马路

原为城郊田野间通往太平南街之老马路，抗日战争爆发后，国内难民大量拥入，遂有人于此购地建房。然至新中国成立前此地仍是菜圃多，民居少。直至20世纪60年代一环路建成后，始逐渐改观。

（10）九如村

《诗经·小雅·天保》云："如山如阜，如冈如陵，如川之方至，以莫不增……如月之恒，如日之升，如南山之寿，不骞不崩；如松柏之茂，无不尔或承。"诗中连用九个"如"字。用作村名，有祝贺福寿绵延之意。

（11）机投镇

前蜀王建、王衍曾在此大兴土木，营造皇家梅苑御园，并常来此地设宴赏梅。机投镇的得名缘于街头一桥墩形似织布机头，后谐音为机投。机投桥始建于清乾隆十年（1745年），桥成后，桥侧即形成集市。1960年后改建为钢筋混凝土桥，桥墩系条石所筑。

（12）金花镇

又名"顺江场"。金花桥建于明代，横跨江安河，为九孔石拱桥。《双流县志》云："金花此地，自古以来为藏卫要冲，休憩之所。桥下深潭，清澈如镜，时有映月散彩，故又称之为'金花夜月'，为一胜景。"金花桥下有著名的金花堰，是牧马山灌渠的进水口。关闸时，千米长、百米宽的水面一平如镜。若逢秋高气爽，明月朗照之夜，但见粼粼波光，映月溢彩，静影沉璧，衬托着两岸的万家灯火，那恬静的夜景实在美丽！

此地空气清新，一派田园风光。春日千顷黄色菜花，灿若云锦，清香袭人；炎夏荷花争艳，蛙声如汇，令人暑意顿消；秋日稻浪千重，一片金黄，令人悦心赏目。实为居家休闲和近郊旅游的好去处。

（13）红瓦寺

原名"德元寺"，建于明代。史籍记载明蜀王常游此寺。寺周围多明代蜀王府内侍墓，俗呼"太监坟"。明代时沿红瓦寺共建有三处砖瓦窑。按顺序排列，红瓦寺为头瓦窑，为明代蜀王府烧制陶器之地。三瓦窑为工人及监工的住所。加上来往人员及运输人员均需食宿，逐年建房造屋，渐渐形成场镇。1980年时，镇上有一条正街，长300余米，7条小巷，居民仅3700多人。

（14）高攀桥

俗称"高板桥"，桥为木石结构，建于清中叶，有桥楼，桥两头均悬匾。故老相传，桥竣工时，一游方老道士路过，误辟踩新桥，后悔不迭，连连施礼，口称："高攀，高攀。"遂为桥名，今已不存。

（15）金沙寺

明嘉靖三十三年（1554年）谷睿所撰《金沙寺碑阴践》云："盖金沙寺寓'万里桥'之侧，肇自汉唐以来，称之曰'宝莲堂'。神异高僧恒游于此，逸人墨客览兴于此，诚胜迹也。"民国年间重修之《华阳县志·古迹》云："寺在江洲（即状元洲，杨慎曾泊舟此处）上。"《蜀中名胜记》称："南门外有江洲，其处俗呼为'七星滩'，中有金沙寺者，即谓此矣。（杨）升庵有记，乃为寺桥慈航而作。""状元洲上晚钟沉"乃明清两朝成都胜景之一。民国初年，状元洲因河道变迁，已与锦江南岸陆地连成一片，即今之金沙寺。

（16）石羊场

据史料记载，石羊场上的石羊乃清康熙年间所建之关帝庙内的遗物，至今仍保存完好。该石羊长160厘米、高80厘米，系用灰红色细质石料雕凿而成的呈匍匐状的母石羊，颈直向上，头略向右视，毛为细长的卷纹，刻工细致，似为东汉故物。

（17）近慈寺

宋元时名"濯锦厢"，位于石羊场南。明万历二十八年（1600年），尼智闲（俗姓张，为石羊场大户）将祖宅濯锦厢捐出建寺，奉母以终。因与慈母近在咫尺，故名寺曰"近慈"。清康熙四十年（1701年），真悟和尚重修此寺。乾隆十五年（1750年），再度培修。同治四年（1865年），成都文殊院第九代方丈落云法师接管该寺，遂为文殊院脚庙。1937年，前中国佛教协会副会长能海法师来此创办藏传密宗根本道场，培养了不少弘法人才，如隆莲法师、贾题韬先生、清定法师等。寺院占地约40亩，五重大殿，"文革"中被强行拆除，建为成都整流器厂和继电器厂。

（18）武侯祠

约建于隋初（590年左右），明末毁于战乱。清康熙十一年（1672年）重建。因诸葛亮属道家学派的代表人物，故竣工后即由道士主持，成为道观。先后担任观主的有当时名重西南的道教领袖张清夜（1676—1763年）以及张合桂、徐本衷等人。嘉庆年间（约1808年），黄合初写了一篇《石琴铭》，镌刻于祠内"琴亭"之石琴上，由衷地表达了他对诸葛亮的仰慕之情。铭文句丽辞清,对仗工稳,然世人多不知,诚憾事也。兹录于下:"坚贞其质,雅正其音。宁静者学,淡泊者心。宗臣已往,遗像长钦。惠陵之侧,锦水之情。祠堂肃肃,柏树森森。良工仿制,古调堪寻。草庐抱负,梁父胸襟。一弹再鼓,千载龙吟。"

(19)南台寺

在今南台路西头,建于清康熙年间,当时四周均为菜圃,为南郊游览胜地。乾隆年间翰林院大学士张问陶(1764—1814年)曾于此处雅集群贤,临水赋诗,并绘《南台秋禊图》。

前人咏诗曰:"南台静坐一炉香,终目凝然万虑亡。不是息心除妄想,只缘无事可思量。"寺毁于民国年间,今仅存街名。

(20)马家河

在今簇桥乡。明末清初,成都地区饱经战乱,十室九空,断墙残垣,瓦砾遍地,荒草萋萋,甚至出现了老虎白昼吃人的惨状。一代英主康熙登基后,有感于四川人烟稀少,赤地千里,满目疮痍,乃于17世纪80年代推行"湖广填四川"的大规模移民运动。当时有一马氏家族迁居于此,先后修建起了马家大院、马家石桥、马家坟园等,并有耕地200余亩,成为当地唯一的大户。流经此处的河段也被称为"马家河"。

(21)望江路

乾隆三十年(1765年),四川总督开泰重建回澜寺,并于寺之东侧建三层亭式楼阁曰"同庆阁",俗呼为"白塔",回澜寺也被称为"白塔寺"。相沿成习,遂为街名。1945年因附近棚户失火,殃及寺塔,毁于一旦。街东原为一大片乱坟岗,丛葬1935年四川军阀混战中的死亡士兵。1953年平整，辟为望江路，直抵望江公园大门口。

（22）铁佛庵

在今簇桥乡铁佛村。原名永兴庵，始建于明万历十三年（1585年）。明末毁于兵，清康熙初年（约1680年）重建。三重大殿加上林园，共占地15亩。大雄宝殿供有铁铸释迦牟尼佛跏趺坐像一尊，高1.5米左右，面部涂金，庄严慈祥。佛座为莲花形，与佛像铸为一体，重约1500公斤。民国年间所修之《双流县志》云："铁佛系明万历十三年余成杨铸。"1951年2月铁佛被砸毁，1957年庵被改建为小学。

2. 其他地名的由来

（1）自贡：市名取自流井、贡井各首字为名。

（2）广元：一说以土地广大为名，取广为阔，"元"为"大"之意。一说元初用兵四川，而取"广我元路"之意。

（3）绵阳：以在绵山之阳而得名，一说因在绵水之阳而得名。

（4）泸州：以泸水而得名。

（5）眉山：据《元和郡县志》中载："因峨眉山为名。"

（6）遂宁：《大明一统名胜志·四川名胜志》：遂宁县东晋置郡曰遂宁，以其遂宁兹土也。今市沿遂宁郡为名。

（7）内江：原名中江，隋文帝避其杨忠之讳，改为内江。一说因取内水（即沱江）为名，盖市县位沱江西岸，江至此，曲流成弧，有如半岛。城居其内故名。

（8）乐山：取"城西南五里有'至乐山'"为名。

（9）南充：隋置南充县。以在汉充国县南为名。

（10）宜宾：《大明一统名胜志·四川名胜志》：宜宾县"唐之义宾县也，取其慕义来宾矣"。宁开宝中改义为宜，以避太宗讳云。

（11）广安：宋太祖乾德六年于渠江县境内秀屏山下浓洄镇置广安军，取"广土安辑"之意而得名。

（12）达州：1999年6月20日撤销达川地区和县级达川市，设立达州市。

（13）巴中：以巴江得名。

（14）德阳：据《华阳国志》：有剑阁道三十里，至险，县名盖取在德不在险之义。一说因在德水之阳。

（15）雅安：以境内雅安山得名。

（16）资阳：因城在资水北，故名。

（17）攀枝花：因北郊区银江乡所在地有一棵很大的攀枝花树，故又取名攀枝花。

◼ 贵州地名渊源

贵州，以贵山而得名，故简称"贵"。贵州东北部秦时属黔中郡，唐属黔中道，故又简称"黔"，一说认为境内有黔灵山、黔灵河，故简称"黔"。宋代以前设矩州，因当地语音"贵""矩"难分，故也写作"贵州"。宋属夔州路；元初正式命名为"贵州"，属湖广行省。明置贵州土司，是为贵州得名的开始，后置贵州布政使司。清设贵州省。1949年12月26日，新中国成立后设贵州省。

目前，全省设6个地级市、3个自治州；7个县级市、56个县、11个自治县、13个市辖区、1个特区。

1. 贵阳市

贵阳，贵州省省会，因处于境内贵山之南而得名，已有400多年建城历史。

▲ 遵义市一角

贵阳市简称为"筑",这个简称与竹有关。古代贵阳盛产竹子,以制作乐器"筑"而闻名,故简称"筑",也称"金筑"。不少地方崇拜竹王,建有竹王寺。建省以后,明穆宗隆庆三年(1569年)贵阳府曾辖贵竹长官司。清康熙二十六年(1687年)改为贵筑县。"贵竹"演变为"贵筑",贵阳市遂简称为"筑"。

贵阳在历史上长期处于被地方割据势力争夺的状态。春秋时期,今贵阳属牂柯国辖地。战国时属夜郎国范围,汉初为西南夷辖地。汉武帝开拓西南夷,贵阳始属中央管辖。两汉至隋朝隶属牂柯郡。西晋时牂柯郡分为牂州(今安顺)和矩州(今贵阳)。唐朝在乌江以南设羁縻州,贵阳属矩州。开宝八年(975年),宋太祖赵匡胤派宋永高进驻黑羊菁,更名为"贵州城",任贵州经略安抚史。宋末元初为罗氏鬼国。不久改罗甸军民安抚司。元代又更名为"顺元城",但习惯上仍称"贵州城"。明成祖永乐十一年(1413年)设置贵州承宣布政使司,贵州城开始成为贵州省的省会。

明隆庆三年(1568年)六月,朝廷将程番府由程番(今惠水县)移至贵州城,次年改程番府为贵阳府,这样,贵州正式作为行政区名称出现了。之所以取名"贵州府",是因其地处贵山(今城北六广门外的关刀岩)之南。

1914年1月,贵阳府被改称为"贵阳县"。1941年7月1日,贵阳县撤县设市。

2. 遵义市

遵义为国家第一批24个历史文化名城之一,其名一般认为出自《尚书》:"无偏无陂,遵王之义。"意思是要人们遵循贤哲先王的教导,行为要端正,做事不要偏颇。另一说是认为来自于东汉的一个故事:当时四川的公孙述要称王,有一些人不赞成,远道去投奔汉光武帝,光武帝称赞他们为"义郎"。"遵义"的意思就是希望人们要像"义郎"们一样,拥护国家的统一,反对分裂。两种说法都有表明遵义是一座文化内涵深厚的城市。

遵义古称"播州"。唐贞观十三年(639年)置播州,属江南道,领辖今黔北的大片地域。播州之名,历经五代、宋、元到明朝末叶,存在了962年。所以人们常习惯用"播州"来代称古代的遵义。唐贞观十六年(642年),将播州所领的罗蒙县改名遵义县。这是"遵义"名称最早的出现。

3. 安顺市

安顺名称来源与战事有关。

明洪武五年(1372年)明朝任命普定女总管适尔为普定府土知府。洪武十四年(1381年)朱元璋派傅友德为征南大将军,率军经贵阳、普定府(在今安顺)入滇扫清元朝残余势力。据《大定志》记载:"普定卫明建城碑记,安陆侯吴复洪武十四年十二月二十日,钦依旨于普定府选择地名阿达卜建筑城池,洪武十五年闰二月十七日完备。"鉴于安顺地理优势，明朝廷在卫城时，即着手以安顺取代普定土府和安顺土州城的地位。洪武十八年（1385年）废普定府保存州，改名安顺州，这是"安顺"一词的最早出现。"安顺"字面意思"平安顺利"，但是历史上来看，却隐含有中央朝廷镇压、收复边地的事实。

春秋时期，安顺为古牂柯国北部中心，称夜郎邑。战国初期，牂柯北面夜郎部落兴起，将牂柯国君及部落驱逐到苴兰（今福泉一带），从而建立夜郎国，当时安顺也是夜郎国首邑。战国时楚顷襄王派将军庄蹻率军西征云南，夜郎王归降；北方强秦乘虚攻占今贵州东部，切断庄蹻归路，于是庄蹻便驻留云南自立为王，统治夜郎诸国；秦统一后，安顺被划入象郡北部地域。汉武帝时，笼络羁縻夜郎君长，授与其王印，此即小夜郎。汉成帝时期，各君王争雄不服朝廷，被汉灭，至此牂柯国历时540余年，夜郎国历时250余年后宣告灭亡。三国时卢鹿部蒙族的济火因助汉廷平叛有功，汉遂封其为罗甸王，赐普里部统治。魏晋时期汉族官宦入驻贵州，此时期政区名称频易，牂柯郡即被分割为牂柯、夜郎、平夷三个小郡，安顺仍隶属于夜郎郡。唐中叶封普里部君长为普宁郡王。宋时为绍庆府，羁縻二十二个小州，安顺称普宁州；元宪宗七年（1257年），普里部归附朝廷，隶属于曲靖宣慰司。

4. 毕节市

"毕节"一词的最早出现在明朝。明洪武十七年（1384年）二月置毕节卫，为毕节之名之始，清康熙二十六年（1687年）裁毕节卫置毕节县，以后沿用。

一种说法是毕节是彝语地名，彝族语读作"比跻"为彝族一个家支头人的名字。《夷书》载："毕节称比跻，系白罗罗之名，因好其地为'比跻'，久之叫着毕节……"最后用汉语音写作现名。

另一种说法是毕节城建完时恰好是除夕佳节，故名之。《毕节县志》载：毕节为"顺元路亦奚不薛路地，平迟安得长安所，属湖南，置毕节驿。建置之初时逢除夕，故曰毕节"。

5. 铜仁市

铜仁原名铜人，相传元朝时有渔人在铜岩处潜入江底，得铜人三尊，挽而出之，府之名以此。元代设置"铜人大小江蛮夷军民长官司"，隶属思南宣慰司。明洪武五年（1372年），"改铜人大小江等处蛮夷军民长官司为铜仁长官司，铜仁至此定名"。据《铜仁市志》记载："古人认为'人者，仁也，渐人之化'，并且'仁'是儒家的核心思想之一，于是就改为'铜仁'。"

■ 云南地名渊源

云南因位处云岭以南，故名"云南"，简称"云"。又因行政中心昆明一带，属战国时滇国地，故又简称"滇"，因境内有滇池，故简称"滇"。

汉即设云南县，为云南得名的开始；三国蜀汉时设云南郡；唐为六诏，后为南诏；宋为大理国；元置云南行省及云南诸路道；明置云南省，后改云南布政使司；清改云南省，省名沿用至今。

云南是人类文明重要发祥地之一。生活在距今170万年前的云南元谋人，是截至目前为止发现的中国和亚洲最早的人类。

1. 昆明市

昆明，云南省会，享"春城"之美誉，中国面向东南亚、南亚开放的门户城市，国家级历史文化名城，我国重要的旅游、商贸城市，西部地区重要的中心城市之一。

关于"昆明"一词的起源，有多种说法，大多数学者认为，"昆明"最初是中国西南地区一个古代民族的族称。

"昆明"在中国古代文献中写作"昆""昆弥"或"昆淋"。早期并非城市名称，而是居住在中国西南地区即今日的云南西部、四川西南部的一个古代民族的族称。

"昆明"一词的出现，可追溯到汉武帝时期。当时的著名史学家司马迁在《史记·西南夷列传》中写道："西自同师（今保山）以东，北至叶榆，名为嶲、昆明，皆编发，随畜迁徙，毋常处，毋君长，地方可数千里。"由此可见，"昆明"一词是古代云南一个少数民族的族称。

"昆明"作为地名出现，最早现于唐代。"武德二年，于镇置昆明县，盖南接昆明之地，因此为名。"按此处置昆明县，非今之昆明，乃四川定笮镇（今盐源县境）。唐代为什么把定笮镇命名为"昆明"，记载当中已写得很清楚，系它接近昆明之故。此处昆明仍指昆明族而言，盖汉唐以前，昆明族大部定居云南西部地区。直到南诏、大理国时期，乌蛮、白蛮兴起，昆明族居住的地方，为乌蛮、白蛮据有，昆明族才东迁滇中，聚居于滇池周围。宋宝祐二年（1254年），元灭大理，在鄯阐设"昆明千户所"，"昆明"始作为地名出现，延续至今。

2. 玉溪市

玉溪市历史悠久，早在西汉就置俞元县，唐代设温富州，元代设新兴州。横贯玉溪市区的珠江源头——玉溪河（本地称州大河），河水澄碧透亮，如玉带潺潺流淌在万亩田畴之中，1916年，玉溪因水得名，沿用至今。

3. 昭通市

东汉置朱提郡以来，南诏始称乌蒙部，明置乌蒙府，清朝改土归流，清雍正对昭通实行改土归流后，统治者为了标榜其功绩企图青史留名便以更改地名为手段，并想借此摧垮本地土著的心理防线。当时负责此事的云贵总督鄂尔泰望文生义，借机曲解乌蒙为"乌暗蒙敝"（据说"乌蒙"在彝语中有"鲜花盛开"之意），其在请示雍正皇帝改乌蒙府为昭通府的奏章中写道："举前之乌暗者！易而昭明，前之蒙敝者，易而宣通。"这就是"昭通"一名的由来。

4. 曲靖市

《元史》卷六十一《地理志四·云南行省》："曲靖等路宣慰司军民万户府，曲、靖二州在汉为夜郎味县地。蜀分置兴古郡。隋初为恭州、协州。唐置南宁州。……天宝末，征南诏，进次曲靖州，大败，其地遂没于蛮。元宪宗六年，立磨弥部万户。至元八年，改为中路。十三年，改曲靖路总管府。"就这样，"曲靖"这一滇东北边地的地名，如云雾一般，沿着乌蒙山，越过历史时空，飘落到了滇东腹地。经过元、明、清、民国，一直沿用至今。

■ 重庆地名渊源

重庆，简称"渝""巴"，别称"巴渝""山城""渝都""桥都""雾都"。隋时，"嘉陵江"称"渝水"，重庆因位于嘉陵江畔而置渝州，故重庆简称"渝"。

距今200万年前的旧石器时代早期，在今重庆巫山县已经出现了中国最早的人类——巫山人。距今两万年至三万年的旧石器时代晚期，出现了"铜梁文化"（今重庆铜梁区）。

▲ 重庆

夏商时期，三峡地区是中国主要岩盐产区，因盐是古代重要的硬通货之一，由此在巫山地区催生了早期的巴国文明，故重庆古称为"巴"。秦时称"江州"，隋称"渝州"，北宋称"恭州"。"重庆"之名始于1190年，因南宋光宗赵敦先封恭王，后登帝位，遂将恭州升为重庆府，取"双重喜庆"之意。元世祖至元十六年（1280年）立重庆路总管府，管辖四川南道宣慰司，隶属于四川行省。明太祖洪武四年（1371年），复改为重庆府，隶属于四川布政使司。1929年，重庆正式建市。1997年，重庆设为直辖市。

重庆市现下辖24个区、10个县、4个自治县。

1. 山水相依的地名

山城重庆，远看是山，近看是城，城在山上，山在城中。独特的地形地貌，造就了重庆地名山水多的重庆味。既然是山城，自然少不了山。如歌乐山、枇杷山、缙云山、中梁山、挂榜山、凤鸣山、南山、黄山等。有山就有岩。因此就有了曾家岩、马家岩、观音岩、高滩岩、鹅公岩、金斗岩、华岩、红岩等。名山出名寺。金竹寺、罗汉寺、相国寺、华岩寺、金马寺、天心寺、上清寺就是佐证。

山与坪、山与坝相比较而存在，没有坪、没有坝也就无所谓山。所以，重庆地名中带坪、带坝的也特别多。像杨家坪、陈家坪、潘家坪、西山坪、马王坪、钻山坪、大坪、南坪、茨坪；沙坪坝、菜园坝、李子坝、珊瑚坝、广阳坝、打枪坝、回龙坝、刘家坝、德感坝、冬笋坝、苦竹坝、乔口坝、大石坝等。

坡是山与坪、坝间的过渡段，故重庆地名中就免不了这坡那坡。如九龙坡、松林坡、石坂坡、矿山坡、王家坡等。山有山门，路有路口。因而重庆地名中就有了朝天门、临江门、望龙门、储奇门、南纪门、太平门、千厮门、东水门、通远门、石门；较场口、两路口、磁器口、大渡口、中渡口、道门口、三溪口、南溪口、滩子口、黄家垭口、江口、井口等。

重庆自古山水相依，山水互养，故重庆地名中带"溪"的也不少。如茄子溪、黄沙溪、海棠溪、溉澜溪、狐狸溪、野猫溪、童家溪、詹家溪、董家溪等。溪水易行舟，桥梁便跨越。为此重庆人在河流溪水之上建起了一座座形态各异的桥梁。除长江与嘉陵江上的那些真正的大桥之外，还有一号桥、童家桥、杨公桥、化龙桥、观音桥、陈家桥、石坪桥、天星桥、土桥、上桥、新桥等，这些是只有地名不见桥的"桥"口。

2. 奇特的历史记忆

在重庆下半城著名的十八梯，有一条不长的死巷，过去的轿夫都在这里搭建一些窝棚睡觉，一到晚上摆满了滑竿，久而久之就叫了轿铺巷这个名字。十八梯这个名字土不？它更是承载了许多重庆人的记忆。

　　早年从重庆城去綦江、贵州，要从南岸海棠溪的山道往上爬，爬上一个山垭口后，有一棵非常大而古老的黄桷树，川黔商贾、脚夫、行人必在此歇脚，因而这个山垭口被称为了黄桷垭，因此聚集了人气，渐渐繁荣起来，就有了黄桷垭镇。

　　还有"弹子石"这个地名，初来重庆的人会不会觉得是小孩耍游戏的"玻璃弹珠"呢？又土又没文化？关于弹子石名字的来历，民间传说上古时代大禹治水，三过南岸涂山的家而不回，妻子涂山氏站在江边等候，时间久了，与巨石融为一体，人们称"呼归石"。后来大禹回家，站在呼归石上，声声呼唤涂山氏，泪水滴在石头上，巨石开裂，蹦出一个儿子，取名"启"，这里因此得名"诞子石"，"诞"与"弹"同音，几经衍变，误传为"弹子石"。

　　清朝时期，"湖广填四川"，从湖北来到重庆的王信文，看中了与朝天门隔江而望的这一河湾，落户于此，创办"万茂正商行"，专营川盐，历经五世，生意兴隆，享誉川东。原本无名的江沱，遂得大号——王家沱，天然港湾王家沱成名了。1891年重庆海关税务司好博逊，欲将王家沱划为海关关址及通商场所。与此同时，四川商人邓云笠、李南城、卢干臣，于是年在王家沱集股成立"森昌泰洋火公司"，创办"王家沱火柴厂"，这是近代重庆乃至西南第一家民族资本企业。重庆近代工业，即由此而生。

　　华商在王家沱崛起，令日本人眼红。1895年日本向中国提出在重庆开设租界地的要求。几经谈判，旷日持久，直到1901年9月24日，日本驻重庆领事山崎桂和川东道员终于正式签订了《重庆日本商民专界约书》，将王家沱设为日本在重庆的专管租界。日本人在租界内开设了友邻火柴公司、大阪洋行、又新丝厂、武林洋行、日清公司。日兵日商，公然佩带武器横行市街，欺凌华人。1931年9月24日，王家沱日租界三十年租期届满，重庆市民举行示威游行，强烈要求收回王家沱主权，10月22日，日驻渝领事人员及侨民、水兵，撤离王家沱。1937年抗战爆发，王家沱终于洗去30年屈辱，回到了祖国的怀抱。

■ 西藏地名渊源

西藏，简称"藏"，位于中国西南边陲，首府拉萨，是中国五个少数民族自治区之一。

远古时期，形成了西藏古人氏族。从古人氏族逐渐演变成西藏的四大氏族：赛、穆、顿、东，在此基础增加"惹"和"柱"两氏族，通称为"六大氏族"。唐宋时期称为"吐蕃"；元时称西藏地区为"乌思藏"，"乌思"是藏语"中央"的意思，"藏"是"圣洁"的意思。明代设立两个都指挥使司。清初称卫藏，卫即前藏，藏即后藏；后正式定名为西藏，为西藏得名的开始；设西藏办事大臣。1965年设立西藏自治区。取全称中的"藏"字作为简称；另一说法认为简称源于故称"乌思藏"。

1. 拉萨市

拉萨的历史可追溯至公元7世纪前，当时有补哇部落在曲吉河（今拉萨河）一带活动，后来雅鲁藏布江中游的雅隆部（今山南地区穷结县一带）崛起。7世纪初，松赞干布兼并邻近部落，统一西藏，并将首都从雅隆迁到曲吉河谷的卧马圹，修河道，筑宫堡，建立了西藏吐蕃王朝。唐贞观十五年（614年），唐朝与土蕃联姻，文成公主进藏，协助松赞干布建设卧马圹，修建了大昭寺，因有山羊负土填湖之说，故称大昭寺为"惹刹",藏语意为"羊土"。后来,"惹刹"逐渐演变成"逻沙"。823年又近其音,改称为"拉萨",藏语意为"神地""圣地"。此为"拉萨"名称的由来。1642年,五世达赖洛桑加措建立噶丹颇章王朝,并受清王朝册封。1951年5月西藏和平解放。1960年拉萨设市。1965年西藏自治区成立后,拉萨一直是自治区首府。

2. 阿里市

阿里是喜马拉雅山脉、冈底斯山脉等山脉相聚之处,被称之为"万山之祖"。同时,这里也是雅鲁藏布江、印度河、恒河的发源地,故又称为"百川之源"。

"阿里"一词是藏语音译,意为"属地""领地""领土"等。直至9世纪初,这里仍称"象雄"。在汉文史籍中,不同朝代对其称呼各异。在藏文古籍中,吐蕃王朝赞普之后裔来到这块原属象雄十八部的政治区域后,这块上部区域名副其实地臣服于赞普后裔的统辖之内,故此,才有"阿里"的称谓。元朝称纳里,明朝称俄力思,到了清代方称"阿里"。

3. 日喀则市

日喀则建城至今已有600多年的历史,是西藏的第二大城市,是后藏曾经的政教中心,也是历代班禅的驻锡之地。美丽旖旎的自然风光,独具特色的后藏生活,日喀则被誉为"最如意美好的庄园",境内有"世界第一高峰"——珠穆朗玛峰。

日喀则是从古到今的后藏重镇,藏语称"溪卡孜",意为"土地肥美的庄园"。14世纪初,大司徒强曲坚增战胜萨迦王朝,建立帕竹王朝后,得到元、明王室的庇护,设了十三个大宗溪,最后一个宗就叫作"桑珠孜",自此,日喀则的全名称"溪卡桑珠孜",简称"溪卡孜",汉语译音为"日喀则",这就是日喀则的地名由来。

2014年国务院批复撤销日喀则地区,设立地级日喀则市,原县级日喀则市改为桑珠孜区。

重庆的"双胞胎"地名

1. 主城区部分同名不同区的地名

大石坝——一个地处江北,一个地处弹子石;

茶园——一个地处江北,一个地处南岸;

大湾——一个地处江北,一个地处弹子石;

黄桷湾——一个地处沙坪坝小龙坎,一个地处南岸;

汉渝路——一个地处沙坪坝,一个地处渝北;

都市花园——一个地处江北五里店,一个地处沙坪坝天星桥;

石桥铺——一个地处九龙坡区,一个地处南岸区长生桥镇;

滩子口——一个地处沙坪坝区土主镇,一个地处九龙坡区杨家坪;

三角碑——沙坪坝、巴南李家沱、九龙坡白市驿各有一个;

二塘——南岸区七公里、渝北区回兴、沙坪坝区井口镇附近各有一个;

黄桷坪——九龙坡区、大渡口区跳磴镇附近、巴南区木洞镇各有一个;

马鞍山——渝中区大礼堂背后、江北区铁山坪、南岸区各有一个。

2. 主城区容易混淆的地名

人和(北部新区)——人和街(渝中区);

磁器口(沙坪坝区)——磁器街(渝中区解放碑附近);

童家桥(沙坪坝区)——童心桥(江北红旗河沟附近);

黄桷垭（南岸区南山）——黄桷湾（南岸区弹子石）；

李子林（大渡口区）——李子坝（渝中区）；

南区路（渝中区两路口附近）——南区路口（渝北区两路）；

两路（渝北区）——两路口（渝中区）。

图片授权

全景网

壹图网

中华图片库

林静文化摄影部

敬　启

本书图片的编选，参阅了一些网站和公共图库。由于联系上的困难，我们与部分入选图片的作者未能取得联系，谨致深深的歉意。敬请图片原作者见到本书后，及时与我们联系，以便我们按国家有关规定支付稿酬并赠送样书。

联系邮箱：932389463@qq.com

参考书目

1. 徐兆奎，韩光辉. 中国地名史话（典藏版）[M]. 北京：中国国际广播出版社，2016.
2. 李慧. 自然地名：在这里遇见中国史[M]. 北京：中国社会出版社，2016.
3. 钱穆. 史记地名考（全两册）[M]. 北京：商务印书馆，2001.
4. 牛汝辰. 中国地名掌故词典[M]. 北京：中国社会出版社，2016.
5. 杨舒. 老北京系列丛书：地名里的老北京[M]. 北京：星球地图出版社，2013.
6. 田新民. 全国市县地名沿革表[M]. 石家庄：河北人民出版社，2012.
7. 牛汝辰. 名实新学：地名学理论思辨[M]. 北京：中国社会出版社，2015.
8. 裘樟鑫，于能. 农村地名传说故事[M]. 杭州：浙江工商大学出版社，2012.
9. 王俊. 中国地名小百科[M]. 郑州：河南人民出版社，2013.
10. 吴波. 地名中的趣味故事[M]. 北京：中国戏剧出版社，2012.
11. 张壮年. 中国地名的故事——名称文化丛书[M]. 济南：山东画报出版社，2006.

中国传统民俗文化丛书

一、古代人物系列（13本）
1. 中国古代乞丐
2. 中国古代道士
3. 中国古代名帝
4. 中国古代名将
5. 中国古代名相
6. 中国古代文人
7. 中国古代高僧
8. 中国古代太监
9. 中国古代侠士
10. 中国古代幕僚
11. 中国古代皇后
12. 中国古代士人
13. 中国古代华侨

二、古代民俗系列（10本）
1. 中国古代民俗
2. 中国古代玩具
3. 中国古代服饰
4. 中国古代丧葬
5. 中国古代节日
6. 中国古代面具
7. 中国古代祭祀
8. 中国古代剪纸
9. 中国古代鞋帽
10. 中国古代生肖文化

三、古代收藏系列（16本）
1. 中国古代金银器
2. 中国古代漆器
3. 中国古代藏书
4. 中国古代石雕
5. 中国古代雕刻
6. 中国古代书法
7. 中国古代木雕
8. 中国古代玉器
9. 中国古代青铜器
10. 中国古代瓷器
11. 中国古代钱币
12. 中国古代酒具
13. 中国古代家具
14. 中国古代陶器
15. 中国古代年画
16. 中国古代砖雕

四、古代建筑系列（12本）
1. 中国古代建筑
2. 中国古代城墙
3. 中国古代陵墓
4. 中国古代砖瓦
5. 中国古代桥梁
6. 中国古塔
7. 中国古镇
8. 中国古代楼阁
9. 中国古都
10. 中国古代长城
11. 中国古代宫殿
12. 中国古代寺庙

五、古代科学技术系列（15本）
1. 中国古代科技
2. 中国古代农业
3. 中国古代水利
4. 中国古代医学
5. 中国古代版画
6. 中国古代养殖
7. 中国古代船舶
8. 中国古代兵器
9. 中国古代纺织与印染
10. 中国古代农具
11. 中国古代园艺
12. 中国古代天文历法
13. 中国古代印刷
14. 中国古代地理
15. 中国古代地方志

六、古代政治经济制度系列（16本）
1. 中国古代经济
2. 中国古代科举

3. 中国古代邮驿
4. 中国古代赋税
5. 中国古代关隘
6. 中国古代交通
7. 中国古代商号
8. 中国古代官制
9. 中国古代航海
10. 中国古代贸易
11. 中国古代军队
12. 中国古代法律
13. 中国古代战争
14. 中国古代衙门
15. 中国古代外交
16. 中国古代盐文化

七、古代文化系列（26本）

1. 中国古代婚姻
2. 中国古代武术
3. 中国古代城市
4. 中国古代教育
5. 中国古代家训
6. 中国古代书院
7. 中国古代典籍
8. 中国古代石窟
9. 中国古代战场
10. 中国古代礼仪
11. 中国古村落
12. 中国古代体育
13. 中国古代姓氏
14. 中国古代文房四宝
15. 中国古代饮食
16. 中国古代娱乐
17. 中国古代兵书
18. 中国古代哲学
19. 中国古代宗祠
20. 中国古代奇案
21. 中国古代旅游
22. 中国古代家风
23. 中国古代地名
24. 中国古代家谱与年谱
25. 中国古代名字与别号
26. 中国古代墓志铭

八、古代艺术系列（12本）

1. 中国古代艺术
2. 中国古代戏曲
3. 中国古代绘画
4. 中国古代音乐
5. 中国古代文学
6. 中国古代乐器
7. 中国古代刺绣
8. 中国古代碑刻
9. 中国古代舞蹈
10. 中国古代篆刻
11. 中国古代杂技
12. 中国古代民间工艺